www.ingramcontent.com/pod-product-compliance
Lightning Source LLC
LaVergne TN
LVHW021302080526
838199LV00090B/5996
* 9 7 8 9 3 5 8 7 2 4 1 7 2 *

کافر کا عشق

(ناولٹ)

الیاس سیتاپوری

© Ilyas Sitapuri

Kaafir ka Ishq *(Novelette)*
by: Ilyas Sitapuri
Edition: March '2025
Publisher :
Taemeer Publications LLC (Michigan, USA / Hyderabad, India)

ISBN 978-93-5872-417-2

مصنف یا ناشر کی پیشگی اجازت کے بغیر اس کتاب کا کوئی بھی حصہ کسی بھی شکل میں بشمول ویب سائٹ پر اَپ لوڈنگ کے لیے استعمال نہ کیا جائے۔ نیز اس کتاب پر کسی بھی قسم کے تنازع کو نمٹانے کا اختیار صرف حیدرآباد (تلنگانہ) کی عدلیہ کو ہو گا۔

© الیاس سیتاپوری

کتاب	:	**کافر کا عشق** (ناولٹ)
مصنف	:	**الیاس سیتاپوری**
صنف	:	تاریخی فکشن
ناشر	:	تعمیر پبلی کیشنز (حیدرآباد، انڈیا)
سالِ اشاعت	:	۲۰۲۵ء
صفحات	:	۷۴
سرورق ڈیزائن	:	تعمیر ویب ڈیزائن

کافر کا عشق (ناولٹ) 5 الیاس سیتاپوری

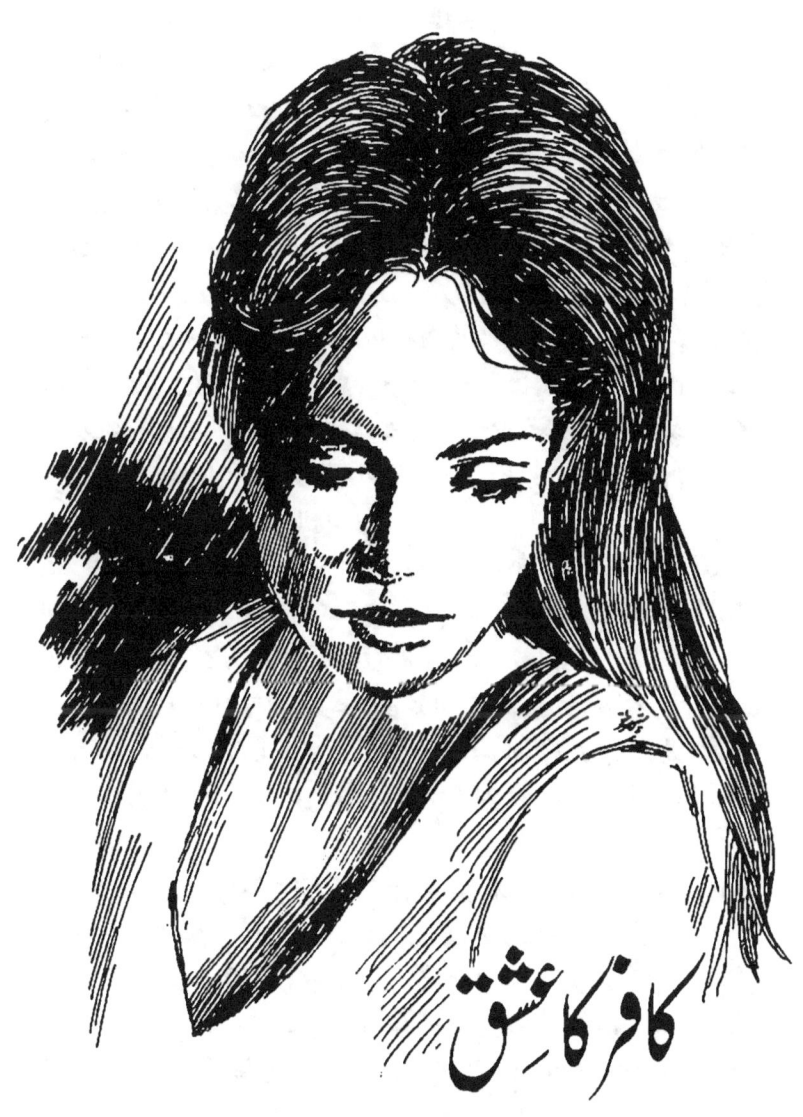

لوجا کی تسخیر کے بعد فرڈی ننڈ اور ازابیلا کی فوجیں ملاغہ کی طرف بڑھیں اور مسلم حکمران الزغل کو یہاں سے بھی بے دخل ہونا پڑا۔ اسقف اعظم اپنے دو کمتر درجے کے پادریوں کے ساتھ فوج کے درمیان سے نمودار ہوا۔ دونوں پادری ایک بڑی سی صلیب کو اپنے ہاتھوں سے سنبھالے ہوئے اسقف اعظم کے پیچھے پیچھے ملاغہ کے قلعے پر چڑھ گئے تھے قلعے کی بلند ترین برجی کے اوپر ہلالی پرچم ہوا میں لہرا رہا تھا۔ اسقف اعظم نے نفرت اور حقارت کی شدت کے زیر اثر ہلالی پرچم کو اتار کر قلعے کے نیچے پھینک دیا اور اس کی جگہ پورے عزت و احترام کے ساتھ صلیب نصب کر دی گئی۔ اسقف اعظم اور دونوں پادریوں کے چہروں پر مسرت و انبساط کی لہریں دوڑ گئیں۔ نیچے مسیحی افواج اور ان کے آقا فرڈی ننڈ اور ملکہ ازابیلا کی نظریں بھی ملاغہ کے قلعے پر جمی ہوئی تھیں، صلیب کی تنصیب کے ساتھ ہی نعرۂ تحسین و مسرت سے میدان گونج گیا اور ملاغہ کی پہاڑیوں سے بلند ہونے والی صدائے بازگشت نے ملاغہ کے مسلمان شہریوں کو بتلایا کہ اب وہ فاتح نہیں مفتوح ہیں، وہ حاکم نہیں محکوم ہیں۔ اب عیسائی فرماں روا فرڈی ننڈ اور اس کی ملکہ ازابیلا ان کے بادشاہ تھے اور ملاغہ کے مسلمان ان کی رعایا۔

ملاغہ کے بعد اب غرناطہ ان کے سامنے تھا اور یہ آخری قلعہ تھا جس کی تسخیر کے بعد فرڈی ننڈ اور ازابیلا فرط خوشی میں یہ نعرہ بلند کر سکتے تھے کہ "اب اندلس ان کا ہے اور اندلس کی آٹھ سو سالہ تاریخ میں ان دونوں سے زیادہ عظیم اور ناقابل فراموش فاتح نہیں پیدا ہوئے۔"

غرناطہ کے قصر الحمرا میں ابو عبداللہ نے فرڈی ننڈ اور ازابیلا کی فتحمندی کی خبر جوش مسرت سے سنی اور اپنے شکست خوردہ چچا الزغل کو مدد یا پناہ دینے سے انکار کر دیا۔ ابو عبداللہ نے مسیحی فاتح کی خدمت میں لوجا اور ملاغہ کی فتحمندی پر پیغام مبارکباد روانہ کیا۔ اس نے اپنے نامۂ مبارکباد میں لکھا تھا۔

"تو جانتا ہے کہ تیرا مفتوح الزغل میرا حقیقی چچا ہے لیکن میں اسے اپنا سب سے بڑا دشمن تصور کرتا ہوں، جب میرے باپ ابو الحسن نے میری ماں عائشہ کے مقابلے میں اپنی مسیحی بیوی زہرا پر اپنے لطف و کرم کی بارش کر دی اور ہمیں ایسا محسوس ہونے لگا کہ غرناطہ کی حکومت زہرا کی اولادوں میں چلی جائے گی تو میں نے اپنی ماں کے اشارے پر بدرجہ مجبوری اپنے باپ ابو الحسن کے خلاف اعلان بغاوت کر کے الحمرا پر قبضہ کر لیا۔ اور اب میں غرناطہ کا واحد حکمران ہوں اور جب میں نے اپنے باپ ابو الحسن پر غرناطہ کے دروازے بند کر دیئے تو یہ میرا چچا الزغل ہی تو تھا جس نے اسے پناہ دی میرا باپ

چند دن بیمار رہ کر اس دنیا سے کوچ کر گیا۔ اور الزغل تیری بہادر سپاہ کے ہاتھوں ملاغہ سے دستبردار ہو چکا اب غرناطہ کے سوا سب کچھ تیرے قبضے میں ہے۔ اور میں یقین رکھتا ہوں کہ تو اپنے وعدوں کے مطابق میرا مخلص دوست بلکہ مربی ثابت ہوگا۔ تو اپنی لوجا اور ملاغہ کی شاندار فتح پر میری جانب سے پُر خلوص مبارکباد قبول فرما۔"

لیکن فرڈی ننڈ اور ازابیلا پر اس مبارکباد کا یہ اثر پڑا کہ ملاغہ کے بعد ان کی فوجیں غرناطہ کی طرف بڑھیں اور اسے اپنے محاصرے میں لے لیا۔ آس پاس کی مسلم آبادی کو قتل اور فصلوں کو برباد کر دیا گیا۔ مکانات نذرِ آتش کر دیئے گئے۔ ابو عبداللہ قصر الحمرا کی وسعتوں میں چھپ گیا۔ جب مسیحی افواج کے محاصرے نے طول کھینچا اور غرناطہ والوں پر عرصۂ حیات تنگ ہو گیا تو بزدل اور کم ہمت ابو عبداللہ نے دشمن کی پُر فریب نرم شرائط پر صلح کر لی۔ غرناطہ کی سپردگی سے پہلے ابو عبداللہ نے فرڈی ننڈ کے سامنے جو شرائط بھی رکھیں وہ بلا تامل اور بے چون و چرا مانتا چلا گیا اور اپنی بزدلی اور دون ہمتی کے زیرِ اثر تاریخ کا یہ نکتہ فراموش کر گیا کہ دنیا کی بدترین ناانصافیاں اور بدعہدیاں میدانِ جنگ میں ہی رُونما ہوتی رہی ہیں۔

قرطبہ کے بنو سراج ابو عبداللہ کے فیصلوں کے خلاف تھے۔ لیکن ان کے اختلاف کو بھی نظرانداز کر دیا گیا اور معمولی اور غیر معمولی سڑسٹھ وعدے حاصل کرنے کے بعد ابو عبداللہ غرناطہ اور قصر الحمرا کو فرڈی ننڈ کے حوالے کر دینے پر آمادہ ہو گیا۔ ان سڑسٹھ وعدوں میں یہ وعدے بھی شامل تھے کہ غرناطہ سے دستبرداری کے بعد اسے البوکسٹرا کی جاگیر عطا کی جائے گی۔ کسی مسلمان کو جبراً عیسائی نہ بنایا جائے گا۔ مسلمانوں کی عبادت گاہوں اور املاک پر زبردستی قبضہ یا نقصان نہ پہنچایا جائے گا۔

بنو سراج کے موسیٰ نامی غیرت مند جنرل نے بزدل ابو عبداللہ سے اختلاف کیا اور اپنا خاندانی نعرہ "عزت یا موت" بلند کیا وہ دشمن کے دم دلاسوں سے خوب اچھی طرح واقف تھا۔ اس نے ابو عبداللہ سے کہا کہ "اگر خدا کو یہی منظور ہے کہ ہم اپنے آباؤ اجداد کی میراث سے محروم اور وطن سے دستکش ہو جائیں تو ہمیں خدا کے اس فیصلے کو جوانمردی اور غیرت مندی کے جذبوں کے ساتھ قبول کرنا چاہیئے۔"

اس کے بعد موسیٰ نے ابو عبداللہ کا ساتھ چھوڑ دیا۔ وہ اپنے گھر چلا گیا۔ جسم کو فوجی ساز و سامان سے آراستہ کیا۔ بیوی کو الوداعی بوسہ دیا اور پھر اپنے تین سالہ بچے حسن کو گود میں لے کر سینے سے لگا لیا۔ اس کے گالوں کو چوما اور سر پر ہاتھ پھیرتے ہوئے بیوی کے حوالے کر دیا۔ اسی لمحے ایک کمرے سے موسیٰ کا بوڑھا باپ نکلا۔ دونوں کی نظریں ملیں اور موسیٰ کو یہ محسوس ہوا جیسے بوڑھا باپ کہہ رہا ہو۔۔۔

"عزت یا موت!"

موسیٰ اپنے گھوڑے پر سوار ہو کر شہر کے باہر نکلا اور گھوڑا دوڑاتا ہوا فرڈی ننڈ کے لشکر کے سامنے پہنچ گیا۔ اور مقابلے کے لئے کسی بہادر کو طلب کیا۔ یکے بعد دیگرے کئی بہادر موسیٰ کے مقابلے پر آئے اور پھر اپنے لشکر میں واپس نہ جا سکے۔ موسیٰ کے سامنے چالیس ہزار پیادے اور دس ہزار شہسوار اس عجیب و غریب مقابلے کو حیرت اور رشک سے دیکھ رہے تھے۔ پچاس ہزار سپاہیوں کے اُس پار دُور تک ان کے خیمے پھیلے ہوئے تھے۔ جب فرڈی ننڈ نے یہ یقین کر لیا کہ اس دو بدو مقابلے میں اس کے بہت سے بہادروں کے مارے جانے کا احتمال ہے تو اس نے موسیٰ کو گھیر کر زندہ گرفتار کرنے کا حکم دیا۔ موسیٰ نے اپنے گھوڑے کا رخ موڑا اور اسے دوڑاتا ہوا دریائے شنیل کے کنارے پہنچ گیا۔ ایک بار پیچھے مڑ کر فرڈی ننڈ کی سپاہ کو دیکھا اور پھر گھوڑے سمیت دریا کی گہرائیوں میں ہمیشہ ہمیشہ کے لئے گم ہو گیا۔

پھر غرناطہ کے دروازے کھل گئے اور فرڈی ننڈ کی فوجیں قصر الحمرا کے سامنے پہنچ گئیں۔ ابو عبداللہ اپنے خاندان سمیت قصر کے باہر آ گیا۔ اس نے بچشم نم مرتعش ہاتھوں سے قصر کی کنجیاں فرڈی ننڈ کے حوالے کر دیں اور رقت آمیز لہجے میں کہا۔ "اب تو ہمارا بادشاہ ہے اور ہم تیری رعایا۔"

ابو عبداللہ اور اس کے خاندان کی موجودگی میں الحمرا کی چوٹی سے ہلالی پرچم اتار کر صلیب نصب کر دی گئی۔ ان کے دل بھر آئے اور جب وہ یادول کی پہاڑیوں سے گزر رہے تھے تو ابو عبداللہ کی ماں عائشہ نے اسے روتے ہوئے دیکھ کر طنز کیا۔ "جس حکومت کی تو مردوں کی طرح حفاظت نہ کر سکا، اس پر عورتوں کی طرح آنسو بہانے سے کیا فائدہ؟"

فرڈی ننڈ کے سپاہیوں نے غرناطہ کے مسلمانوں کے ساتھ وہی سلوک کیا جو فاتحین کسی مفتوح قوم کے ساتھ کیا کرتے ہیں۔ انہوں نے ہزاروں مسلمانوں کو تہ تیغ کر دیا۔ ان کی املاک جلا دیں فصلیں ویران کر دیں اور شہر دھوئیں کے بادلوں میں چھپ گیا۔ انہی میں موسیٰ کا بوڑھا باپ بھی کام آ گیا۔ اس بوڑھے سے جب یہ کہا گیا کہ وہ مکان خالی کر کے افریقہ چلا جائے تو اس نے انکار کر دیا۔ وہ اپنی زندگی کی آخری سانسیں اپنے باپ دادا کے مقابر کے قریب رہنے کا خواہشمند تھا لیکن اندلس کے مشہور بیتذرد مسیحی جنگجو خاندان سیڈ کے ایک فرد نے اس بوڑھے کو ہلاک کر دیا۔ بوڑھے کی پسلیوں میں نیزہ ننھے حسن کی آنکھوں کے سامنے اتارا گیا تھا۔ ماں کی چیخ نکل گئی۔ اس کے بعد انہیں دوسرے بہت سے مسلمانوں کے ساتھ افریقہ جلاوطن کر دیا گیا۔ کچھ خاندان مراکو چلے گئے۔ کچھ نے تاس کی راہ لی۔ اور بنو سراج طرابلس

کے ساحل پر آباد ہو گئے۔ انہیں اپنا آبائی وطن غرناطہ بُری طرح یاد آتا رہا۔ وہ نمازیں پڑھ چکنے کے بعد اپنا منہ غرناطہ کی طرف کر لیتے اور خدا سے دوبارہ وطن پہنچنے کی دعائیں مانگتے رہتے۔ وہ کسی معجزے کے منتظر تھے۔ ایک ایسا معجزہ جو انہیں فاتح کی حیثیت سے غرناطہ میں دوبارہ پھر حکمرانی عطا فرما سکتا تھا۔
اس بات کو بیس سال گزر گئے اور حسن اپنی عمر کے چوبیسویں سال میں داخل ہو گیا۔ ماں اپنے بیٹے کی جوانی کا بڑی بے چینی سے انتظار کر رہی تھی۔ وہ اپنے شوہر موسیٰ کا الوداعی منظر اور ہمیشہ کی گمشدگی کو ابھی تک نہ بھولی تھی۔ اور پھر حسن کے دادا کی بیکسانہ موت نے اسے اور بے چین کر رکھا تھا۔ وہ اپنے دشمن سیڈ خاندان سے اچھی طرح واقف تھی، وہ بیس سال تک مسلسل ان دونوں اذیت ناک واقعات کو حسن کے سامنے بیان کر کے اسے انتقام پر آمادہ کرتی رہی۔ آخر جب وہ تیئیس سال کا ہو گیا تو وہ خود ہی ایک تاجر کے بھیس میں غرناطہ جانے کے لئے تیار ہو گیا۔ اس نے ریشم اور کتان کے قیمتی کپڑے اپنے ساتھ لئے اور طرابلس کے ایک تجارتی جہاز پر سوار ہو کر اندلس روانہ ہو گیا۔ راستے میں کئی بار اس کا جہاز طوفانوں میں گھر گیا لیکن بچتا بچاتا ایک ماہ بعد وہ اندلس کے جنوب مشرقی ساحل المیریہ کی بندرگاہ پر لنگر انداز ہو گیا۔
جب وہ چھلانگ لگا کر ساحل پر اترا تو اس کو یہ دیکھ کر بڑی حیرت ہوئی کہ ساحل کے کنارے کنارے دُور تک سبزہ اُگا ہوا ہے۔ اسے کچھ عمر رسیدہ مسلمان تاجروں نے بتلایا کہ جب وہ اس ملک کے حکمران تھے تو اس ساحل سے اتنی تجارت ہوتی تھی کہ جہاں آج سبزہ اُگا ہوا ہے وہاں لوگوں کی کثرت آمد و رفت سے زمین چکنی ہو گئی تھی۔ پھر ٹھنڈی سانس بھر کر کہتے "لیکن تقدیر الٰہی پر بھلا کس کا زور چلا ہے!"
المیریہ کے قدرتی مناظر اور ان کی دلکشی نے حسن کے دل کو جیت لیا، یہ شہر دو پہاڑیوں پر اور اس کے بیچ میں آباد تھا۔ اس نے کرائے کے خچروں پر اپنا سامان بار کیا اور شہر میں مسلمان تاجروں کی سرائے میں جا اُترا۔ اس نے ایک رات سرائے میں سکون سے گزاری۔ اس کے بعد صبح ہی صبح المیریہ کی آبادیوں اور اس کی اسلامی تاریخی یادگاروں کو دیکھنے نکل کھڑا ہوا۔ کرائے کے خچروں پر سوار وہ شہر کے سرسبز و شاداب حصّوں سے گزرتا ہوا جب شمالی پہاڑی کی آبادی کی طرف بڑھا تو اسے دُور ہی سے غریب الوطن اندلسی مسلمانوں کی عظیم الشان یادگاریں دکھائی دینے لگیں۔
حسن کا رہنما اور خچر کا مالک اس کے ساتھ پیدل سفر کر رہا تھا۔ حسن نے دُور پہاڑی کے درختوں اور عمارتوں کے درمیان نظر آنے والے سب سے بلند میناروں کی طرف اشارہ کرتے ہوئے دریافت کیا۔

"میرے دوست! خدا تجھے دولتِ ایمان سے شاد کام کرے۔ ذرا بتلانا تو یہ بلند ترین مینارے کس چیز کے ہیں؟"

رہنما ساتھی نے ناگواری سے جواب دیا۔ "معزز مور مہمان! ہم اپنے وطن کو مسلمان کافروں سے تقریباً ۴۴ سال پہلے ہی نجات دلا چکے ہیں۔ تمہیں اس تلخ حقیقت کو تسلیم کر لینا چاہیئے کہ میرا دل مسیح کی محبت اور ایمان سے منور ہے اور اب تمہیں اس روشنی کی البتہ ضرورت ہے۔"

حسن غریب الدیار تھا۔ مجبوراً اپنے رہنما کی تلخ ترین بات کے زخم کو سہہ گیا۔ اس نے نرمی سے کہا۔

"تو نے میری بات کا جواب نہیں دیا؟"

رہنما ساتھی نے کہا۔ "یہ قلعہ خیران ہے جسے یہاں کے مسلمان عامل خیران صقلبی نے تقریباً ساڑھے چار سو برس قبل تعمیر کرایا تھا۔"

حسن مسلمانوں کی شکست خوردگی اور جلا وطنی کو سوچ کر مغموم ہوگیا۔ اس نے آہستہ سے کہا۔

"اے میرے فاتح ہم مذہبو! تم کہاں ہو؟ کیا تمہاری روحیں میرے آس پاس موجود میرے سوگوار دل کی حالت محسوس کر رہی ہیں؟"

اس نے اپنے عبا کی آستین سے آنکھوں کے آنسو خشک کئے۔ مسیحی رہنما سمجھ گیا کہ اجنبی مور اپنی قوم کے زوال سے متاثر ہو کر آنسو بہانے پر مجبور ہو گیا ہے۔

جب وہ قلعہ خیران میں داخل ہوا تو اسے اپنے سامنے دُور تک شاندار عمارتوں کا طویل سلسلہ نظر آیا اور آس پاس لیمو، سنگترے اور بادام کے درختوں کے گھنے سلسلے پھیلے ہوتے دکھائی دیئے۔ ان کی بھینی بھینی ترشی آمیز خوشبو نے اس کے دل و دماغ کو معطر کر دیا۔ وہ خچر سے اتر پڑا۔ اور اسے اپنے رہنما کے حوالے کر کے تنہا درختوں کے جھنڈ میں ادھر اُدھر گھومنے پھرنے لگا۔ اس کو اس بات کا بڑا دکھ تھا۔ کہ اس کے آبا و اجداد اس جنتِ ارضی سے جبراً جدا کر دیئے گئے۔ ابھی وہ فرطِ دیوانگی میں یہاں کے قدرتی مناظر سے پوری طرح لطف اندوز بھی نہ ہوا تھا کہ درختوں کے ایک گوشے سے ہلکے سروں میں طنبورے کی آواز سنائی دی وہ بے ساختہ اس آواز کی طرف کھنچا چلا گیا۔ یہ آواز لیمو کے درختوں کے جھنڈ میں سے آ رہی تھی۔ وہ درختوں کی شاخیں دونوں ہاتھوں سے ہٹاتا ہوا اندر داخل ہو گیا۔ وہاں چند نوجوان لڑکیاں بیٹھی ساز و نغمات سے اپنے دل بہلا رہی تھیں۔ ایک اجنبی کو اچانک اپنے سامنے دیکھ کر وہ گھبرا گئیں اور اٹھ کر ادھر اُدھر بھاگنے لگیں۔ ایک لڑکی جو کیتھولکوں کے مخصوص وضع کے شلوکے اور پاجامے میں ملبوس تھی کھڑے ہو کر حسن کو دیکھنے لگی۔ اس نے اپنے چہرے کو باریک ترین جالی میں چھپا

لیا۔حسن معذرت کرتا ہوا بولا۔" اے حسینان رشک حور! مجھ سے خوفزدہ مت ہو۔ میں جلاوطن موروں کی اولاد ہوں اور یہاں سامان تجارت لے کر آیا ہوں!"

لڑکی کے ہونٹوں پر مسکراہٹ کھیل گئی اس نے اسپینی آمیز عربی میں کہا۔" مجھے مور بہادروں سے ملنے کا بڑا شوق تھا۔ان کی جو اولادیں یہاں رہ گئی تھیں وہ بزدل تھیں، تم کہاں ٹھہرے ہو اور کس چیز کی تجارت کرتے ہو؟"

حسن لڑکی کی بے تکلفی پر خوش ہو گیا۔اس نے لبشاش لہجے میں جواب دیا۔" میں ریشمی اور کتان کے کپڑوں کی تجارت کرتا ہوں اور یہاں کے موروں کی سرائے میں ٹھہرا ہوں۔"

لڑکی نے اپنی سہیلیوں کو آواز دے کر واپس بلالیا۔" میری ہم عمرو! واپس آجاؤ۔ یہ مور بہادر شریف تاجر ہیں جو یہاں کے فاتح اور جلاوطن موروں کی اولاد میں سے ہیں!"

لڑکیاں واپس آگئیں۔اس لڑکی نے کہا۔" بہادر مور! میں حقیقتہً غرناطہ میں رہتی ہوں، یہاں میرے ماموں رہتے ہیں۔میں سمندری ہواؤں، ان کی سرکش موجوں اور المیریہ کے حسین قدرتی مناظر سے لطف اندوز ہونے چند دنوں کے لئے یہاں آگئی ہوں کیا تم غرناطہ جانا پسند کرو گے؟"

حسن نے محسوس کیا لڑکی کی آنکھوں میں دلوں کو موہ لینے والی کیفیت پیدا ہو گئی ہے۔

اسی لمحے درختوں کے ایک گوشے سے ایک ادھیڑ عمر کا آدمی داخل ہوا جو اپنے معمولی لباس کی وجہ سے خدمت گار معلوم ہوتا تھا۔اس نے آتے ہی گہری نظر سے حسن کو دیکھا اور پھر اس لڑکی سے مخاطب ہوا۔" میرینہ! تیرے ماموں کھانے پر تیرے منتظر ہیں، اور یہ مور یہاں کیوں آیا؟"

لڑکی نے جلدی جلدی حسن کا تعارف کرایا اور آخر میں کہنے لگی۔" چونکہ یہ خود بھی یہاں اجنبی اور مسافر ہے اور تجارت کی غرض سے آیا ہے۔اس لئے ہمیں پرانی کدورتیں اپنے دلوں سے دور کر کے اس کا ایک مہمان کی حیثیت سے خندہ پیشانی کے ساتھ استقبال کرنا چاہیئے۔

اس دوران دوسری لڑکیاں جا چکی تھیں، اور اب وہاں خدمتگار، میرینہ اور حسن کے سوا جو تھا کوئی شخص نہ تھا۔میرینہ نے جب اپنے گردوپیش کا جائزہ لیا تو جیسے اسے ہوش آگیا اور حسن نے اچھی طرح محسوس کر لیا کہ چہرے کی باریک جالیوں کے اس پار شرم و حیا سے نظریں جھک چکی ہیں۔کوئی ایسی ہی کیفیت تھی جس نے میرینہ کو بدحواس کر دیا تھا۔اور اس کی قوت گویائی سلب کر لی تھی۔اسی عالم وحشت اور کیفیت گم گشتگی میں میرینہ مزید کچھ کہے سنے بغیر اپنے خدمتگار کے ساتھ چلی گئی۔حسن خود بھی حیرت زدہ اور کھویا کھویا سا کھڑا کا کھڑا رہ گیا۔گردوپیش پھیلے ہوئے درختوں سے چڑیوں کے چہچہانے کی آوازیں لمحہ بہ لمحہ تیز ہوتی گئیں اور جب

حسن کو ہوش آیا تو اسے یہ تک نہیں معلوم تھا کہ میرینہ ان درختوں کے جھنڈ میں کہاں غائب ہو چکی ہے۔ وہ شکستہ دلی سے بھاری بھاری قدم بیماروں کی طرح اٹھاتا ہوا باہر آیا۔ جہاں اس کا بینا ساتھی اس کے انتظار میں ایک درخت کے تنے سے پشت ٹکائے آنکھیں بند کئے بیٹھا تھا۔ حسن کے قدموں کی آہٹ پر اس نے آنکھیں کھول دیں اور اٹھ کر کھڑا ہو گیا۔ خچر کو اس کے قریب لے جاتا ہوا بولا۔ "مور بہادر! اب کدھر کا ارادہ ہے؟ کیا خیران صقلبی کی عظیم الشان عمارتیں دیکھنا پسند کرو گے؟"

حسن اچھل کر خچر پر سوار ہو گیا۔ "مور تاجروں کی سرائے واپس چلو، ان ماتم کدوں سے میری طبیعت گھبرا گئی ہے" اس کے بعد اس نے دعائیہ انداز میں اپنے دونوں ہاتھ پھیلا دیئے۔ "یا رسول اللہ! اپنے محبوں کو ان کے آبا و اجداد کے وطن اندلس کی حکومت دوبارہ عطا فرمایئے!"

رہنما عیسائی نے طنز سے ہنستے ہوئے کہا۔ "مور! یہ تیرا خیال خام ہے تو ایسی دعا کیوں مانگتا ہے جو اب کبھی پوری نہیں ہو سکتی۔ آخر کبھی ہمارے آبا و اجداد نے بھی تو مفتوحوں جیسی زندگی گزاری ہے۔"

اب حسن کسی اور ہی کشمکش میں مبتلا ہو چکا تھا۔ مور تاجروں کی سرائے میں بیسیوں تاجر ٹھہرے ہوئے تھے اور سبھی اپنی کاروباری مصروفیات میں سرگرم عمل تھے۔ حسن چاہتا تو اپنی اصل شخصیت پر پردہ ڈالنے کے لئے کاروباری بات چیت کرتا لیکن اب وہ ہر روز علی الصباح المیریہ کی شمالی پہاڑی پر چلا جاتا اور وہاں خیران صقلبی کے محلات، لیموؤں کی جھاڑیوں اور بادام و سنگتروں کے سلسلے میں خاموشی سے میرینہ کو تلاش کرتا۔ وہ میرینہ سے کچھ اور باتیں کرنا چاہتا تھا لیکن وہ ایک جھلک دکھا کر اپنے بارے میں کچھ بتائے بغیر کہیں روپوش ہو گئی تھی۔ اب المیریہ کے اس سرسبز و شاداب علاقے میں پہلی جیسی خوبصورتی باقی نہیں رہی تھی۔ اور خیران صقلبی کے محلات اب اپنی عظمت اور بڑائی کے اعتبار سے حسن کی نظر میں روز اول جیسے نہ تھے۔ افسوس تو یہی تھا کہ وہ میرینہ کی بابت کسی سے پوچھ گچھ بھی نہ کر سکتا تھا۔

اس تلاش اور جستجو میں اس نے آٹھ دن گنوا دیئے لیکن میرینہ کی شکل دوبارہ نہ دکھائی دی۔ پھر آہستہ آہستہ مایوسی نے گھر کرنا شروع کر دیا اور اس نے اپنے آپ کو خوب لعنت ملامت کی کہ ایک ایسی لڑکی کے لئے اس نے آٹھ دن کیوں ضائع کر دیئے جو ظالم اندلسی مسیحیوں سے تعلق رکھتی ہے اور اپنے اس جذبے پر نفرین کی جو وہم سے زیادہ کچھ بھی نہ تھا۔ لیکن اس پشیمانی اور خجالت کے باوجود المیریہ کی دلکشی واپس نہ آ سکی۔ اسے اپنا وہ عہد یاد آیا جسے وہ اپنے دل میں چھپائے المیریہ کے ساحل پر اترا تھا۔ اس کی اصل منزل غرناطہ تھا اور وہاں اس خاندان کو تلاش کرنا تھا جس نے تقریباً بیس سال قبل

اس کے باپ کو ناپید اور دادا کو ہلاک کر دیا تھا۔ اس پر اپنے باپ اور دادا کی طرف سے ایک قرض واجب الادا چلا آ رہا تھا اور وہ یہاں اسی قرض کو چکانے آیا تھا۔

اس نے اپنا سامان باندھا اور ایک دن غرناطہ جانے والے قافلے میں شامل ہو گیا۔ اسے راستے میں کئی دریا ملے جو لہروں میں مچلتے ہوئے ادھر ادھر نظروں سے اوجھل ہو جاتے تھے۔ اس نے سبزہ زاروں اور انگور کی بیلوں کے سائے میں بیٹھے ہوئے راز و نیاز میں مصروف عاشقوں اور ان کے محبوبوں کو دیکھا اور ایسے ہر منظر نے اس کے دل میں خود بخود مدینہ کی یاد تازہ کر دی۔ جب ہسپانوی فوجی سوار اپنے گھوڑے دوڑاتے ہوئے اس کے قریب سے گزرتے تو اسے گھور کر دیکھتے ضرور اور پھر دیر تک اور دور تک پلٹ پلٹ کر اسے دیکھتے رہتے کیونکہ حسن کی وضع قطع ڈیل ڈول اور صورت شکل عام موروں سے بہت مختلف اور زیادہ شاندار تھی۔ شیلر کی پہاڑیوں سے نکلنے والے دریائے شنیل کو پار کر کے وہ غرناطہ کے قریب پہنچا اور پھر دور تک پھیلے ہوئے سرسبز شاداب اور لہلہاتے ہوئے کھیتوں کے کنارے سے گزرتا ہوا وہ دریائے ڈارو کے ساحل پر پہنچ گیا اور پھر اس کے کنارے کنارے چل کر بیس دروازوں اور ایک ہزار برجوں کے شہر غرناطہ میں داخل ہو گیا۔

حسن نے پہاڑی پر برف پوش سیرا نواد کی چوٹی سے نیچے سرخ رنگ مربع برجوں کو دیکھا جن کا نچلا حصہ سبزہ زاروں میں چھپا ہوا تھا۔ اس نے اس حسین منظر کو دیکھا تو تڑپ گیا۔ اپنے ایک ہم قافلہ بزرگ سے پوچھا: "میرے بزرگ! خدا تجھے اور تیری آنکھوں کے نور کو ہمیشہ قائم رکھے۔ کیا تو واقف ہے کہ یہ سرخ اور مربع برج کس چیز کے ہیں؟"

عمر رسیدہ تاجر نے ایک نظر حسن پر ڈالی اور افسردہ لہجے میں جواب دیا: "بہادر مور! یہ قصر الحمرا کے برج ہیں۔ ملت اسلامیہ غرناطہ کا آفتاب اسی قصر میں غروب ہوا تھا۔"

حسن کے دل سے ایک آہ ابھری اور پورے جسم کو لرزا گئی۔ اسے معلوم تھا کہ اسی قصر میں بنو سراج کے محلات بھی تھے۔ جہاں آج اداسی اور ویرانیت نے قبضہ جما رکھا ہے۔ اسی قصر میں شیر دل والا وہ حوض بھی موجود ہو گا جہاں بنو سراج کے چھتیس بہادروں کو دعوت کے دھوکے سے جمع کر کے قتل کر دیا گیا تھا۔ ان کا قصور یہ تھا کہ ان کی ہمدردیاں ابو عبداللہ کے باپ ابوالحسن کے حق میں تھیں۔

غرناطہ میں موروں کی سرائے شہر کے جنوب مشرقی کنارے واقع تھی حسن سرائے میں اتر

گیا۔ ایک دن اور ایک رات اس نے منصوبہ بندی میں گنوادی۔ اسے کچھ پتہ نہ تھا کہ بیس سال پہلے اس کا خاندان یہاں کہاں آباد تھا اور اب اس مکان پر کس کا قبضہ تھا۔ تقدیر کی یہ کتنی بڑی ستم ظریفی تھی کہ آج وہ اپنے آبائی وطن کی سرائے میں مسافر بن کر ٹھہرا تھا اور کسی کو اس کے بارے میں کچھ بھی معلوم نہ تھا۔ دو دن تک وہ ایک مقامی کیتھولک مسیحی راہنما کے ساتھ شہر میں گھومتا پھرتا رہا اور یہاں کے چپے چپے کے بارے میں نہایت ذوق و شوق سے معلومات حاصل کرتا رہا۔ اس کے رہنما کو حسن سے بہت ہمدردی تھی۔ اور جب حسن کی آنکھیں آبدیدہ ہو جاتیں تو کیتھولک رہنما رونے میں حسن کو حق بجانب قرار دیتا۔ آخر ایک دن حسن نے اپنے رہنما کی ضرورت کو بھی فضول سمجھ کر نظر انداز کر دیا۔ اور تنہا نکل کھڑا ہوا۔ وہ پاگلوں کی طرح ادھر ادھر بھٹکتا رہا۔ جن مسجدوں سے چوبیس گھنٹوں میں پانچ بار موذن کی پرشکوہ آوازیں گونجتی تھیں آج وہ گرجوں میں تبدیل ہو چکی تھیں۔ اور اب وہاں سے صبح و شام دعاؤں کی گھنٹیاں بجا کرتی تھیں۔ اس نے چند ایسی شاندار عمارتیں دیکھیں جو ویران تھیں اور انہیں مقفل کر دیا گیا تھا۔ ان سب کے بڑے بڑے دروازوں کی پیشانی پر ایک جیسی عبارتیں لکھی ہوئی تھیں۔

"دنیا چار چیزوں سے قائم ہے' دانا کے علم سے' بڑے آدمی کے انصاف سے' عابد کی دعا سے اور بہادروں کی بہادری سے۔"

اس نے کسی راہ گیر سے پوچھا کہ "یہ کس کی رہائش گاہیں تھیں؟"

اسے جواب ملا کہ "یہ رہائش گاہیں نہیں' درسگاہیں تھیں موروں میں ہر قسم کے علوم حاصل کیا کرتے تھے۔ لیکن موروں کے اخراج کے بعد انہیں مقفل کر دیا گیا ہے۔"

حسن نے اپنے دل میں کہا کہ "میرے بزرگو! تم میں نہ تو دانائی تھی نہ انصاف تھا نہ عبادت تھی اور نہ ہی بہادری باقی رہ گئی تھی پھر تم حکومت کی مسند پر کس طرح فائز رہ سکتے تھے۔"

غرناطہ کی جامع مسجد کے بلند مینارے اسے اپنی طرف کھینچ رہے تھے۔ لیکن اب وہ مسجد کی جگہ گرجا بن چکی تھی۔ اس کی پیشانی پر خطِ نسخ کی عبارتیں کچھ مٹائی جا چکی تھیں کچھ باقی تھیں وہ فرطِ جذبات میں دیوانوں کی طرح اس کے اندر داخل ہو گیا۔ اندر ستونوں اور محرابوں کے جنگل سے گزرتا ہوا جب وہ اس کے درمیانی صحن میں پہنچا تو وہاں کے سبزہ زار اور فواروں سے ٹکرا کر آنے والی ہواؤں نے طبیعت میں فرحت اور تازگی پیدا کر دی۔ ایک پادری نے اسے روکا۔ اور مختلف قسم کے سوالات کئے۔ حسن نے صاف صاف بتا دیا کہ وہ آوارہ وطن مور ہے جسے ان یادگاروں کی کشش نے طرابلس کے ساحل سے کھینچ بلایا ہے۔

پادری مسکرا دیا اور زہریلے لہجے میں کہا: "تجھے اپنے باپ دادا کی فضول کاریوں کو ضرور دیکھنا چاہیے لیکن یہ بات مت بھولنا کہ اب یہ مسجد نہیں گرجا ہے!"

وہ پادری کے پاس سے گزرتا ہوا مسجد کے منبر کی طرف بڑھا۔ جسے اب قربان گاہ مسیح میں تبدیل کر دیا گیا تھا۔ ابھی اس کے اور منبر کے درمیان کئی ستون حائل تھے کہ اس نے کسی عورت کو قربان گاہ مسیح کے سامنے گھٹنوں کے بل جھکا ہوا دیکھا پہلے تو اس نے یہ سوچا کہ مزید آگے بڑھنے سے گریز کیا جائے لیکن اسی لمحے اس کے کانوں میں عورت کی آواز اتر گئی، عورت کا لہجہ گریہ و بکا کا تھا جیسے وہ رو رو کر کوئی مناجات کر رہی ہو۔

حسن چوروں کی طرح پنجوں کے بل آگے بڑھا اور عورت کے قریب ترین ستون کی آڑ میں کھڑا ہو گیا۔ عورت بدستور مناجات میں محو رہی۔ اُسے حسن کی آمد کا بالکل علم نہ تھا۔ عورت کی پشت حسن کی طرف تھی اور چہرہ قربان گاہ مسیح کے روبرو۔ حسن نے سوچا معلوم نہیں اس عورت پر کون سی افتاد آپڑی ہے جس کے لئے اپنے مسیح سے استعانت کی طلبگار ہے۔

حسن واپسی کے ارادے سے مڑنے ہی والا تھا کہ عورت کو کسی طرح اس کی موجودگی کا احساس ہو گیا۔ اور اس نے پلٹ کر دیکھا حسن لڑکھڑا گیا گویا ایک بجلی سی کوند گئی۔ عورت اٹھ کر کھڑی ہو گئی۔ دونوں نے ایک دوسرے کو پہلی ہی نظر میں پہچان لیا۔ یہ میرینہ تھی۔ حسن بے خیالی میں خود بخود اس کی طرف بڑھنے لگا۔ میرینہ کی آنکھوں میں حیرت، اشتیاق اور خوشی کی چمک پیدا ہو چکی تھی۔

حسن تقریباً دو زانو ہو گیا۔ "دیکھ میرا خدا کس قدر سچا ہے۔ میں نے اس کے آگے تجھ سے ملنے کی صدق دل سے دعا مانگی تھی۔"

میرینہ کے چہرے پر حیا کی سُرخی دوڑ گئی۔ "اور میرے مسیح کی بابت کیا کہتے ہو۔ میری خواہش کا ابھی پوری طرح اظہار بھی نہ ہوا تھا کہ تم نظر آ گئے۔"

حسن کی خوشی کی کوئی انتہا نہ تھی۔ وہ کہتا رہا۔ "میں تجھے المیریہ کی پہاڑی آبادیوں میں تلاش کرتا رہا۔ غیران صقلبی کے محلات میں ڈھونڈا اور سنگتروں اور باداموں کے سائے میں تیری جستجو کرتا رہا!"

میرینہ نے اپنے آس پاس کا جائزہ لیا۔ وہاں کوئی نہ تھا۔ آہستہ سے بولی "اس طرح مت بیٹھ۔ کوئی دیکھ لے گا تو میری رسوائی ہو گی۔"

حسن کھڑا ہو گیا۔ "میں تیرا پتہ پوچھنا بھول گیا تھا۔"

میرینہ گھبرا رہی تھی۔ اس کے اعصاب انتشار اور بے چینی کے شکار ہو گئے تھے۔ اس نے گھبرائے

ہوئے لہجے میں پوچھا۔ "تم میرا پتہ کیوں معلوم کرنا چاہتے تھے؟"

حسن کے پاس اس کا کوئی جواب نہ تھا۔ وہ اس غیر متوقع سوال سے ذرا گھبرا گیا۔ میرینہ اس کی گھبراہٹ سے لطف اندوز ہو رہی تھی جب وہ کوئی جواب نہ دے سکا تو میرینہ خود بولی "میں نے تمہارا ذکر اپنے باپ سے کیا تھا وہ کچھ زیادہ خوش نہیں ہوا۔ میرے باپ کی نظر میں صرف بہادر لوگ ہی عزت حاصل کر سکتے ہیں۔ انہیں تاجروں سے کوئی دلچسپی نہیں"

حسن کے جی میں آئی کہ اسی وقت یہ راز کھول دے کہ اس کا تعلق غرناطہ کے مشہور بہادر خاندان بنو سراج سے ہے جنہوں نے کبھی ابوالحسن کی عیسائی بیوی زہرا کا ساتھ دیا تھا لیکن خود عیسائیوں نے انہیں جلاوطن کر دیا۔ مگر ابھی اس کا وقت نہیں آیا تھا دوسرے وہ جس ارادے کے ساتھ یہاں آیا تھا اسے اس انکشاف سے نقصان پہنچ جاتا۔ حسن نے جواب دیا۔ "تجارت کوئی برا پیشہ تو نہیں۔ ہمارے پیغمبر خاتم النبیین بھی تو تاجر تھے!"

میرینہ نے تکلیف دہ لہجے میں کہا۔ "تم بار بار اپنے خدا اور اپنے پیغمبر کا ذکر کیوں چھیڑ دیتے ہو؟"

حسن نے کہا۔ "اچھا اگر تجھے اس ذکر سے تکلیف پہنچتی ہے تو میں آئندہ اس سے پرہیز کروں گا"

اس کے بعد اس نے مسجد کے منبر کی طرف دونوں ہاتھ اٹھا دیئے اور دعائیہ انداز میں بولا۔ "یا رسول اللہ! آپ اس کے گواہ رہیں کہ میرے دل میں اس وقت بھی آپ کے لئے وہی محبت اور عقیدت موجود ہے جو میرینہ کی ملاقات سے پہلے تھی"

میرینہ کو مور کی اس اضطراری کیفیت پر ہنسی آگئی۔ پھر اس کی نظریں دور مسجد کے صحن کی طرف اٹھ گئیں۔ کوئی شخص صحن کے فواروں کے پاس سے گزرتا ہوا ان کی طرف چلا آرہا تھا۔ میرینہ گھبراہٹ میں مسیح کی قربان گاہ کی طرف بڑھ گئی اور حسن کو آہستہ سے بتائی گئی۔

"والد صاحب غالباً میری تلاش میں ادھر آرہے ہیں تم تھوڑی دیر کے لئے یہاں سے ٹل جاؤ۔ ان کی موجودگی میں دوبارہ آجانا"

حسن نے صحن کی طرف دیکھا۔ اس وقت میرینہ کا باپ مسجد کے ستونوں کی آڑ میں ہو چکا تھا۔ حسن اپنے داہنے ہاتھ کی دیوار پر کندہ عربی آیتوں کی طرف بڑھ گیا۔ یہ دیوار قربان گاہ مسیح سے ذرا فاصلے پر تھی۔ حسن نے بہت کوشش کی کہ وہ ان آیات کو پڑھ لے لیکن انہیں تو کھرچ کھرچ کر مٹانے کی کوشش کی گئی تھی کچھ دیر تک وہ ان آیات کے پڑھنے کی کوششوں میں کھویا رہا جب ذرا ہوش آیا تو اس نے دیکھا میرینہ اور اس کا تقریباً پچاس پچپن سالہ باپ دونوں حسن کی طرف چلے آرہے تھے۔ بوڑھے کی کمر سے تلوار لٹک رہی تھی۔

کافر کا عشق (ناولٹ) 17 الیاس سیتاپوری

اور اس کا لباس چست تھا۔ سر اور داڑھی کے بال کھچڑی تھے داڑھی گھنی اور چہرہ بارعب تھا جسم کا بالائی نصف حصہ ابھی خم نہ ہوا تھا۔

جب وہ دونوں حسن کے قریب آگئے تو میرینہ اسے دیکھ کر چونک گئی۔ دونوں کی نظریں ملیں اور میرینہ کے ہونٹوں پر مسکراہٹ کھیلنے لگی۔ وہ اپنے باپ سے بولی "بابا جان! یہی وہ تاجر مور ہے جو مجھے المیریہ میں ملا تھا اور جس کا میں نے ذکر کیا تھا!"

میرینہ کے باپ نے خندہ پیشانی سے اس مور کی طرف اپنا ہاتھ بڑھایا۔ اور دونوں نے خالص مشرقی انداز میں مصافحہ کیا۔ میرینہ کا باپ کہنے لگا "تو سپاہی نہیں تاجر ہے۔ لیکن اس کے باوجود مجھے تجھ سے ہمدردی ہے۔ اندلس کی فضا میں تجھے کوئی خوشی تو نہیں حاصل ہوئی ہوگی۔ کیونکہ یہ جنت زار موروں کے لئے جہنم زار بن چکا ہے لیکن ایک مور ہونے کی حیثیت سے میں تیری عزت کرنے پر مجبور ہوں، تیرے آبا و اجداد واقعی بہادر اور غیرت مند تھے۔"

حسن کو حوصلہ ہوا کہ اب وہ بھی کچھ بڑھ چڑھ کر باتیں کر سکتا ہے۔ اس نے کہا "ہمیں دو ہی چیزیں زیادہ پسند ہیں۔ میدان کارزار جہاں ہمیں اپنی شجاعت کے جوہر دکھانے کا موقع ملتا ہے یا پھر تجارت کہ اس کے ذریعے شوق مہم جوئی بھی پورا ہوتا ہے اور دنیا کو سمجھنے کا موقع بھی ملتا ہے۔"

میرینہ چپ چاپ ان دونوں کی باتیں سنتی رہی وہ بہت خوش تھی کہ حسن کا تعارف کسی تکلیف دہ واقعے کے بغیر اس کے باپ سے ہو گیا تھا۔

اس کا باپ کہہ رہا تھا "بہادر مور! تم مجھ سے میرے گھر پر مل سکتے ہو۔ میں تمہیں خوش آمدید کہوں گا اور یہ معلوم کروں گا کہ جب تم لوگ سرزمین اندلس کو چھوڑ کر افریقہ پہنچے تو تم پر کیا بیتی اور وہاں کی فضائیں تمہیں کس حد تک راس آئیں!!"

حسن آزردہ ہو گیا۔ مغموم لہجے میں بولا "اس وقت میں تین سال کا تھا مجھے کچھ پتا نہیں کہ جب میرا خاندان یہاں سے ہجرت کر رہا تھا تو اسے کیسے کیسے مصائب سے دوچار ہونا پڑا تھا لیکن یہ ضرور جانتا ہوں کہ ہسپانیہ سے جدا ہو کر میری ماں قبل از وقت بوڑھی ہو گئی اور غرناطہ کی یاد آج بھی اسے ستاتی رہتی ہے!"

میرینہ کے باپ نے دریافت کیا "تیرا باپ کہاں ہے؟"

حسن نے دروغ گوئی کا سہارا لیا "وہ طرابلس پہنچنے کے کچھ دن بعد ہی رخصت ہو گیا تھا۔"

"اچھا" بوڑھے نے افسوس کا اظہار کیا "تم کسی وقت بھی میرے گھر آسکتے ہو!"

چونکہ وہاں زیادہ دیر تک کھڑے کھڑے باتیں کرتے رہنا تہذیب اور شائستگی کے خلاف تھا۔ اس لئے انہیں ایک دوسرے سے مجبوراً جدا ہو جانا پڑا۔ حسن نے میرینہ کے بوڑھے باپ سے اس کا پتہ خوب اچھی طرح سمجھ لیا۔

میرینہ نے جاتے جاتے ایک اچٹتی نظر حسن پر ڈالی۔ اس میں بڑی التجائیں تھیں، گویا کہہ رہی ہو: "دیکھو آنا ضرور، بھولنا مت، میں تیرا انتظار کروں گی۔"

اب حسن کو قرار آ چکا تھا۔ میرینہ سے ملتے رہنے اور اس سے ربط ضبط بڑھانے کی راہ کھل چکی تھی لیکن اب ایک نئی خلش احساس بن کر دل کو کچوکے لگا رہی تھی۔ مستقبل کے خدشات، میرینہ عیسائی تھی اور وہ خود مسلمان، اور دونوں ہی کو اپنے مذہب سے جنون کی حد تک محبت تھی۔

حسن تلاش کرتا ہوا جب میرینہ کے گھر پہنچا تو اس کا باپ گھر میں موجود نہ تھا۔ اسے دیکھتے ہی میرینہ کی محبت آنکھوں میں سمٹ آئی۔ اس نے حسن کے استقبال میں والہانہ انداز اختیار کیا۔ اس کے دل میں میرینہ کی بابت ہلکا سا یہ خدشہ بھی تھا کہ کہیں یہ محبت یکطرفہ نہ ہو اور میرینہ کی خوش اخلاقی ایک غریب الدیار مددگار کے لئے جذبۂ ہمدردی کے سوا کچھ نہ ہو لیکن استقبال کے والہانہ انداز نے اس کے اس شبہے کو تقریباً زائل کر دیا۔ وہ حسن کو لئے ہوئے ایک ایسے کمرے میں چلی گئی جس کی دیواروں پر چاروں طرف ہتھیار ہی ہتھیار لٹک رہے تھے۔ اشبیلیہ اور غرناطہ کی بہترین تلواریں، زرہیں، خنجر، ڈھالیں، تیر کمانیں اور دوسرے کئی ہتھیار دیواروں پر سلیقے سے سجے ہوئے تھے۔ میرینہ نے حسن کو ایک منقش کرسی پر بٹھایا۔ مسکراتی ہوئی بولی: "بہادر مور! تم تاجر ہو، ہو سکتا ہے کہ تمہیں آلات سپاہ گری سے آراستہ یہ کمرہ پسند نہ آئے لیکن میرے خاندان کے مردوں کے یہی آلات زیور ہیں!"

اس مرتبہ حسن نے میرینہ کے خیال خام کو جھٹلا دینے کی کوشش کی: "میرینہ! میں صرف تاجر ہی نہیں، سپاہی بھی ہوں۔ وقت آنے میں اپنی سپاہیانہ برتری بھی ثابت کر دوں گا!"

میرینہ کو شبہ گزرا کہ شاید مور کو اس کی بات ناگوار گزری ہے۔ معذرت کرنے لگی: "آئندہ میں اس قسم کی باتوں سے گریز کروں گی۔ بابا جان بازار گئے ہیں!"

اسی دن حسن کو یہ معلوم ہوا کہ میرینہ کے ساتھ اس کے باپ کے علاوہ ایک خادمہ بھی رہتی ہے۔ اس کی ماں کا انتقال ہو چکا ہے اور بڑا بھائی قسمت آزمائی کے لئے میکسیکو جا چکا ہے۔

میرینہ نے باپ کی عدم موجودگی میں اس کی پھلوں سے ضیافت کی۔ باپ کے واپس آ جانے پر دونوں دیر تک باتیں کرتے رہے۔ پوری گفتگو میں حسن نے یہ محسوس کیا کہ میرینہ کے باپ کو اپنے خاندان

کی شجاعت اور برتری کا بے حد احساس ہے اسے اپنے مسیحی ہونے پر بھی بڑا فخر تھا۔ اور وہ مسیحی مذہب کو دنیا کا اعلیٰ ترین مذہب سمجھتا تھا۔ اس نے سوچا کہ مذہب کے بارے میں یہی خیالات میرینہ کے بھی ہوں گے۔ اور اگر یہ صحیح تھا تو حسن کے لئے اس سے زیادہ بدنصیبی کی بات دوسری نہ ہو سکتی تھی۔

جب وہ وہاں سے واپس آیا تو اس کی طبیعت پر بڑا بوجھ تھا۔ اسے بڑا دکھ تھا کہ وہ اپنے منصوبے کی تکمیل سے پہلے ہی میرینہ کی محبت میں مبتلا ہو چکا تھا۔ وہ میرینہ جو مسیحی تھی اور جس کے آباد اجداد کا غرناطہ کے مسلمانوں کو خارج البلد کرنے میں یقیناً ہاتھ رہا ہوگا۔ کئی بار یہ ارادہ کرنا چاہا کہ وہ میرینہ کے خیال کو اپنے دل سے نکال دے لیکن ارادے کے تصور ہی سے اس کا دل ڈوبنے لگتا۔ عشاء کی نماز کے بعد وہ دیر تک سجدے میں پڑا گڑگڑاتا رہا کہ "الٰہ العالمین! مجھے اس آزمائش سے نکال دے اور مجھے دین اسلام پر استقامت سے قائم رہنے کی توفیق عطا فرما۔"

جذباتی دباؤ اور احساس بے بسی سے اس کی آنکھوں میں آنسو آگئے جب اچھی طرح آنسو بہہ گئے۔ تو طبیعت ذرا قابو میں آئی۔

کئی دن گزر گئے لیکن حسن میرینہ سے ملنے نہیں گیا۔ اس نے اپنا سامان تجارت اونے پونے فروخت کر دیا چوتھے دن ایک ادھیڑ عمر شخص سرائے میں اسے پوچھتا ہوا آیا۔ وہ میرینہ کا ایک خط لے کر آیا تھا حسن نے دھڑکتے دل اور مرتعش ہاتھوں سے میرینہ کا خط پڑھا۔

"مور بہادر! شام کو میری سالگرہ ہے میری خواہش ہے کہ اس میں تم بھی شرکت کرو۔ میرے باوا جان بھی تمہیں کئی بار پوچھ چکے ہیں۔ میرے دوسرے اعزا بھی اس میں شرکت کریں گے۔ میں تمہیں ان سب سے روشناس کرانا چاہتی ہوں۔"

اس خط نے حسن کو بالکل بے بس کر دیا۔ اس نے میرینہ کو زبانی پیام بھیج دیا کہ "تو انتظار کر، میں شام کو ضرور آؤں گا۔"

شام کو وہ میرینہ کے گھر پہنچ گیا۔ گھر میں مہمانوں کا ہجوم تھا۔ میرینہ کا باپ آگے بڑھا اور اس نے حسن کا شایان شان استقبال کیا۔ رات کے کھانے سے پہلے حسن کا خاندان کے دوسرے بزرگوں سے تعارف کرایا گیا انہی میں کچھ ایسے مہمان بھی تھے جنہیں زبردستی عیسائی بنا لیا گیا تھا۔ حسن کو ان پر بڑا رحم آیا کہ افسوس یہ لوگ جہنم کا ایندھن بنیں گے۔

کھانے کے بعد مہمان لڑکیوں نے رقص پیش کیا۔ میرینہ گہرے نیلے رنگ کا شلوکا پہنے، سر پہ باریک سفید دوپٹا ڈالے اس طرح بیٹھی تھی گویا آسمان سے پری اتر آئی ہے۔ جب لڑکیاں تھک گئیں

تو انہوں نے میرینہ کو مجبور کیا کہ اب وہ گاتھوں کے خانہ بدوشوں کا رقص پیش کرے۔ میرینہ کو اس رقص میں کمال حاصل تھا پہلے تو وہ لجائی شرمائی رہی لیکن بالآخر مجبور ہوگئی کیونکہ آنکھوں ہی آنکھوں میں حسن کی ایما بھی حاضرین محفل کی فرمائش میں شامل ہوگئی تھی۔ میرینہ اٹھی۔ خنجری ہاتھ میں لی اور رقص شروع ہوگیا۔ خنجری کے زیر و بم کے ساتھ ہی اس کے ہاتھ پاؤں اور جسم نے تھرکنا شروع کر دیا اور بہت جلد اپنے رقص کو نقطۂ عروج کو پہنچا دیا۔ کبھی وہ خنجری کو بجاتی ہوئی اسے اپنی آنکھوں سے اوپر اس طرح لاتی، گویا دھوپ کی تمازت سے آنکھوں کو بچا کر جنگل میں اپنے محبوب کو تلاش کر رہی ہے۔ کبھی آگے کی طرف جھکی جھکی اس طرح چلتی جیسے اس کا محبوب درختوں کی اوٹ میں چھپ گیا ہو اور وہ اسے دیکھنے کی کوشش کر رہی ہے کبھی تن کر واپس آجاتی گویا اپنے محبوب کو ناز و نخرے دکھا رہی ہو۔ اس کی ذرا ذرا سی حرکت سے حاضرین محفل کے منہ سے داد و تحسین کی صدائیں نکل رہی تھیں حسن کا سینہ فخر سے تن گیا کہ یہ باکمال حسینہ اس سے محبت کرتی تھی۔

سب کے آخر میں جب تقریب کے خاتمے کا اعلان ہوا تو ایک گندمی رنگت کا عنابی اور گہرے سرخ رنگ میں ملبوس تقریباً ساٹھ سالہ بوڑھا تمکنت کے ساتھ میرینہ کے باپ کی طرف بڑھا۔ میرینہ اپنے باپ کے داہنی طرف بیٹھی کنکھیوں سے حسن کو دیکھ رہی تھی اور حسن اپنے مستقبل اور انجام کی فکروں میں ڈوبا سر جھکائے بیٹھا ہوا تھا۔

یکایک بوڑھے کی آواز گونجی۔ "نواب سانتانی! تو جانتا ہے کہ میرا بیٹا دان جان تیرے بیٹے کے ساتھ میکسیکو گیا ہوا ہے دو ماہ قبل جب ایک جہاز وہاں سے آیا تھا تو اس کے ایک مسافر نے مجھے یہ پیغام دیا تھا کہ چند دنوں بعد دان جان واپس آرہا ہے اور اپنے ساتھ بے پناہ دولت بھی لا رہا ہے۔ اس کی عدم موجودگی میں باپ کی حیثیت سے میں تجھ سے میرینہ کا رشتہ مانگتا ہوں' یوں بھی میں میرینہ کا ماموں ہوں اور اس کا سب سے زیادہ مستحق دان جان ہی ٹھہر سکتا ہے!"

ابھی نواب سانتانی نے کوئی جواب نہ دیا تھا کہ میرینہ نے آزردگی سے کہا۔ "ماموں! میری شادی کے مسئلے میں تمہیں فکرمند ہونے کی ضرورت نہیں اور نہ ہی بابا جان کو بولنا چاہیئے۔ اپنے فیصلے سے میں خود مطلع کردوں گی۔"

نواب سانتانی نے کہا۔ "بے شک اپنے معاملات میں تو آزاد ہے لیکن میرا خیال ہے کہ دان جان تیرے ماموں کی اولاد ہونے کے سبب تیری ہمدردی کا مستحق ہے!"

حسن کو ایسا لگا جیسے اس گفتگو سے اس کے دل و دماغ مجروح ہوتے جا رہے ہیں۔ اس نے

معنی خیز اور استفہامیہ نظروں سے میرینہ کو دیکھا۔ میرینہ یہ کہتی ہوئی وہاں سے چلی گئی کہ "میں ابھی اپنی شادی کے مسئلے پر غور نہیں کرنا چاہتی۔ تم لوگ مجھے مجبور نہ کرو۔"

حسن نے بھی نواب سانتافی سے واپسی کی اجازت طلب کی اور بوجھل قدموں سے چلا آیا۔ میرینہ کے ماموں نے اس افسردہ اور مضمحل مور کو بھاری قدموں سے جاتے ہوئے دیکھا اور کسی سوچ میں پڑ گیا۔

پھر میرینہ کے باپ سے کہا: "نواب سانتافی! میرینہ میرے بیٹے ڈان جان کو کیوں ناپسند کررہی ہے۔ میں کسی حد تک اس راز سے واقف ہوگیا ہوں سمجھے۔ اس تاجر مور سے ہوشیار ضرور رہنا چاہیے!"

نواب سانتافی مشتعل ہوگیا۔ "المیرینہ کے بوڑھے! اب تو شرافت کے ساتھ یہاں سے رخصت ہوجا۔ میں میرینہ کی مرضی کے خلاف اس کے مستقبل کا سودا نہیں کرسکتا۔"

حسن میرینہ سے مل کر کچھ عہد و پیمان کرنا چاہتا تھا۔ وہ تنہائی میں اس سے ملنے کا متلاشی تھا۔ اسے کچھ پتہ نہ تھا کہ اس کے بعد نواب سانتافی اور میرینہ کے ماموں کے درمیان کیا بات ہوئی۔ دوسری طرف میرینہ بھی پریشان تھی۔ یہ جلاوطن مور جو آناً فاناً اس کے دل و دماغ پر غیر شعوری طور پر چھا گیا تھا۔ معلوم نہیں کب تک غرناطہ میں رہے گا۔ حسن تاجر ہے جو ایک نہ ایک دن غرناطہ سے چلا جائے گا اس نے سوچا۔ اے کاش یہ غرناطہ ہی میں رہ جاتا تو کتنا اچھا ہوتا۔ کبھی وہ اپنے سخت گیر اور تند خو بڑے بھائی کا خیال کرکے لرز جاتی جو میکسیکو گیا ہوا تھا اور کسی دن بھی آ ٹپکنے والا تھا۔ اسے معلوم تھا کہ اس کا بڑا بھائی اس مور کو ہرگز پسند نہ کرے گا کیونکہ اسے اسلام اور موروں سے سخت نفرت ہے۔

ایک دن صبح صبح جب وہ صبح کی دعا کے بعد گرجا سے واپس آرہی تھی، اس کی ملازمہ کتاب الدعا سنبھالے اس کے ساتھ چل رہی تھی۔ تو اس نے دو رویہ مکانوں کے درمیان سے حسن کو نکلتے ہوئے دیکھا وہ سر جھکائے کچھ سوچتا چلا آرہا تھا۔ میرینہ کے قدم بھاری پڑنے لگے وہ حسن کو خود مخاطب نہیں کرنا چاہتی تھی اس کی دلی آرزو تھی کہ حسن خود ہی اسے دیکھ لے تو اچھا ہے جب وہ میرینہ کے بالکل قریب آگیا تو اس نے غیر ارادی طور پر سر اٹھایا اور میرینہ کو دیکھ کر افسردہ سی مسکراہٹ اس کے ہونٹوں پر کھیلنے لگی۔ میرینہ کا ایک ایک عضو خوشی میں سرشار تھا۔

حسن نے کہا: "میرینہ! اس وقت میں تیری ہی بابت سوچ رہا تھا!"

میرینہ برابر چلتی رہی کہنے لگی: "میں خود بھی اب اکثر تمہاری ہی بابت سوچتی رہتی ہوں۔"

"میں تیرا شکر گزار ہوں!" حسن سر تا پا شوق بن گیا۔ "لیکن تو نے کبھی اس کے انجام پر بھی غور کیا؟"
میریہ اداس ہو گئی۔ "مجھے اپنے آگے تاریکی کے سوا کچھ بھی نظر نہیں آتا۔ مجھے کچھ پتا نہیں کہ اپنا انجام کیا ہوگا؟"

"تب پھر ایسا کر!" حسن کہنے لگا۔ "میں نے ابھی تک قصر الحمرا نہیں دیکھا میں اپنے بزرگوں کی اس نادرہ کار اور یگانۂ روزگار عمارت کو دیکھنا چاہتا ہوں، میرا خیال ہے اس سلسلے میں تو میری راہ نمائی کا فرض خوب اچھی طرح انجام دے سکے گی!"

"ہاں!" میریہ بولی۔ "میں اس کے چپے چپے سے واقف ہوں۔ میں نے اس طلسمی عمارت کو اتنی بار دیکھا ہے کہ اب میں خود اس عمارت کے راہ نما کے فرائض انجام دے سکتی ہوں۔"

"آج دوپہر بعد!" حسن نے کہا۔ "ظہر کی نماز کے بعد تو میرے ساتھ چل، میں پُر اسرار الحمرا کے ستونوں کے درمیان اپنی قسمت کا آخری فیصلہ کر دوں گا!"

میریہ کسی موہوم سی امید پر خوش ہو گئی۔ "کیا تو نے اپنے دین کو ترک کر دینے کا فیصلہ کر لیا ہے؟"

"نہیں کبھی نہیں۔" حسن نے کہا۔ "اسلام تو میری رگ رگ میں موجود ہے، ہاں اگر تو چاہے تو دینِ مسیحی ترک کر کے اسلام کی آغوش میں پناہ لے سکتی ہے!"

اس کے بعد حسن نے میریہ کے لیے دعا کی۔ "یا رسول اللہ! اس نصرانیہ کی ہدایت فرمائیے۔"

میریہ نے تقریباً ڈانٹنے کے انداز میں کہا۔ "چپ رہو میرے حق میں کفر اختیار کرنے کی دعائیں مت مانگو۔ میں بیشک تجھے چاہتی ہوں لیکن یہ بھی یاد رکھ کہ تیرے لیے میں مسیح کو نہیں چھوڑ سکتی۔"

ملازمہ ان کی باتیں بہت غور سے سن رہی تھی۔ میریہ نے اس کی طرف اشارہ کرتے ہوئے کہا۔

"دیکھ ہم دونوں کے راز اس پر بھی عیاں ہو گئے ہیں، میں چاہتی تو اس وقت تجھ سے بے رخی اختیار کر کے چپ چاپ آگے بڑھ جاتی لیکن مجھے دو رنگی نہیں آتی جو کچھ میرے دل میں ہے وہی زبان پر۔"

حسن کچھ شرمسار ہو گیا اس نے پوچھا۔ "کیا دوپہر بعد تو مجھے اپنے ہمراہ الحمرا لے چلے گی؟"

میریہ نے اندرونی سوز کو چھپاتے ہوئے کہا۔ "گھر پر میں تیرا انتظار کروں گی۔ میں الحمرا چوروں کی طرح نہیں جانا چاہتی، باداجان کو بتلا کر ان کے علم میں تجھے لے کر جاؤں گی۔"

باتیں کرتے کرتے ایک موڑ پر وہ دونوں ایک دوسرے سے جدا ہو گئے۔

دونوں نے درمیانی وقفہ بڑے کرب اور انتظار کی شدت میں گزارا۔ دونوں ہی گفتگو کے دوران اٹھائے جانے والے مسائل، ان کے حل، مفاہمت کی تجاویز اور ناقابل قبول ہونے کی صورت میں متبادل

تجویزوں پر غور کرتے رہے لیکن ایک بات پر دونوں ہی اٹل تھے: "اسلام ترک نہیں کیا جائے گا۔ دین مسیح ہر قیمت پر محفوظ رکھا جائے گا۔" اور دونوں ہی سادہ لوح اس سادہ سی حقیقت کو نظر انداز کر گئے تھے کہ دو متوازی لکیریں کبھی نہیں ملتیں، وہ کتنی ہی قریب قریب کیوں نہ ہوں۔ ملنے کے لئے کسی ایک کا دوسری کی طرف ذرا سا جھکاؤ ضروری ہے۔

ظہر کے بعد حسن میرینہ کے گھر پہنچ گیا۔ دو گھوڑے پہلے سے تیار تھے۔ میرینہ حسن کے ساتھ سیرانوادا کی برف پوش چوٹیوں کی طرف چل پڑی کیونکہ اس کے نیچے ہی قصر الحمرا تھا۔ جب وہ دونوں آبادی سے گزر کر ذرا آگے بڑھے تو انہیں اپنے آس پاس گھنیرے درختوں کی قطاریں نظر آئیں جن پر انواع و اقسام کے پرند خوش الحانیوں میں مشغول تھے۔ ان درختوں کے نیچے، دونوں طرف پانی کے چشمے بہہ رہے تھے۔ راہ گیر ان دونوں کو دیکھتے اور سوچ سوچ کر خوش ہوتے کہ "یہ مسیحی حسینہ اس سادہ لوح مور کو ضرور عیسائی بنا لے گی۔"

دونوں البرکہ سے داخل ہو کر جب الحمرا کے قصر اللیوث میں داخل ہوئے تو حسن کے دل کی حیرت اور حسرت سے عجیب حالت ہو گئی۔ ہر طرف ستونوں کا ایک جنگل پھیلا ہوا تھا۔ محراب دار غلام گردشیں، ان پر نازک، باریک اور خوبصورت ترین گلکاریاں، ستون کہیں علیحدہ علیحدہ تھے۔ کہیں دو دو اور کہیں مختلف ترکیبوں سے۔ اس کی جالیاں اور ان پر نازک ترین آرائشی کام ایسا تھا جس نے تھوڑی دیر کیلئے میرینہ کے خیال کو بھلا دیا۔ میرینہ اسے ایک ایک چیز کی بابت کچھ نہ کچھ بتاتی چل رہی تھی لیکن حسن تو اسے دیکھنے میں محو تھا۔ وہ الحمرا کے حسن میں کھو گیا تھا اور اسے کچھ پتا نہ تھا کہ میرینہ کیا کہہ رہی ہے۔ یہاں تک کہ میرینہ نے اسے ایک ایسی دیوار کے سامنے لے جا کر کھڑا کر دیا جس پر ایک سو باون وضع کے ایسے بیل بوٹے بنائے گئے تھے جو رنگ و روغن اور بناوٹ کے اعتبار سے ایک دوسرے سے بالکل مختلف تھے۔ یہاں سے بیت الاختین ہوتے ہوتے بیت العدل میں داخل ہو گئے۔ بیت العدل کے بعد میرینہ اسے ایوان ابن سراج میں لے گئی۔ حسن ایوان کی ایک ایک چیز حسرت و یاس سے دیکھتا رہا۔ اس کا دل بھر آیا۔ میرینہ سمجھ گئی کہ عزیب الدیار مور اپنے بزرگوں کی ان یادگاروں کا دل ہی دل میں ماتم کر رہا ہے۔ وہ یہاں سے گزر کر شیروں والے حوض پر پہنچے، حوض کے چاروں طرف شیر بنے ہوئے تھے۔ میرینہ نے حوض کی طرف اشارہ کرتے ہوئے کہا: "حسن! یہی وہ جگہ ہے جہاں چھتیس بنو سراج قتل کئے گئے تھے۔ خون کے دھبے آج تک موجود ہیں!"

حسن کو ایسا محسوس ہوا جیسے اس کے آس پاس اس کے بزرگوں کی روحیں موجود اسے دیکھ رہی ہیں۔

میرینہ حوض کے کنارے بیٹھ گئی اور کہا۔" اب ہمیں وہ باتیں کر لینی چاہئیں جن کے لئے ہم یہاں آئے ہیں!"

حسن نے نہایت محبت سے میرینہ کا ہاتھ پکڑ لیا اور اسے اپنی آنکھوں سے ملنے لگا پھر اسے اپنے رخساروں پر پھرایا اور آخر میں بوسہ دے کر میرینہ کی صورت دیکھنے لگا۔

میرینہ نے کہا۔" یہ ہاتھ اگر تم چاہو تو ہمیشہ کے لئے اپنے ہاتھ میں رکھ سکتے ہو۔"

" لیکن تو نے اس کی جو قیمت مقرر کی ہے اس کی ادائیگی میرے بس کی بات نہیں ہے!" حسن نے افسردگی سے جواب دیا۔ پھر کچھ سوچ کر بولا۔" میرینہ! اگر تو ٹھنڈے دل سے غور کرے اور دونوں مذاہب کا موازنہ کرے تو دین اسلام کی سچائی اور عظمت تجھ پر ضرور منکشف ہو جائے گی!"

میرینہ نے ایسی درشتی سے جس میں اپنی بے بسی اور مجبوری کا جذبہ بھی شامل تھا جواب دیا۔" میں تیرے ساتھ یہاں اس لئے نہیں آئی ہوں کہ تو میرے سامنے دین مسیح کی برائی کرے اور اس پر اسلام کی برتری ثابت کرے۔"

" اچھا پھر یہ کر!" حسن کہنے لگا۔" میں تجھے یہ عہد دیتا ہوں کہ میں اپنے دل میں تیرے سوا کسی اور لڑکی کو جگہ نہ دوں گا اور تو بھی مجھ سے یہ عہد کر کہ تو میرے سوا اس وقت تک کسی اور مرد کو اپنے دل میں جگہ نہ دے گی جب تک کہ ہم دونوں کافی غور و فکر کے بعد کسی فیصلہ کن نتیجے پر نہ پہنچ جائیں!"

میرینہ نے جل کر جواب دیا۔" یہ تو' تو خود سے عہد کر' کیونکہ تو مسلمان ہے جن کی زندگی میں بیک وقت چار چار عورتیں داخل ہو سکتی ہیں' میں مسیحی بھی ہوں اور عورت بھی' میں کسی عہد کے بغیر ہی تجھے یقین دلاتی ہوں کہ میری امیدوں کا پہلا اور آخری مرکز تو ہے اور تو ہی رہے گا!"

حسن پر میرینہ کی بات کا اتنا شدید اثر ہوا کہ اس کے پائے ثبات میں ہلکی سی لرزش آ گئی اس نے سوچا کہ اگر میرینہ کے لئے دین مسیح اختیار کرنا پڑے تو کوئی حرج کی بات نہیں' لیکن اسی لمحے اسے ایسا لگا جیسے حوض کے اندر سے مقتول بنو سراج کی روحیں نکل نکل کر اس پر لعن طعن کر رہی ہیں۔ اس نے کہا۔" میرینہ! لمحوں میں فیصلے ہو سکتے ہیں اور ثانیوں میں انہیں بدلا جا سکتا ہے۔ ابھی ابھی میں نے تیری طعن آمیز اور پُر سوز بات کے زیر اثر یہ سوچا تھا کہ میں تیرے اور صرف تیرے لئے اسلام کو ترک اور دین مسیح کو اختیار کر لوں گا۔"

میرینہ کا چہرہ مارے خوشی کے گلنار ہو گیا شگفتگی آ گئی۔" تب پھر تو مجھے آسانی سے حاصل کر سکتا ہے!"

" لیکن" حسن نے بات پوری کی۔" اسی لمحے مجھے ایسا محسوس ہوا جیسے مقتول بنو سراج کی روحیں

سو من سے نکل نکل کر مجھ پر لعن طعن کر رہی ہیں۔" پھر سر جھکا کر آہستہ سے کہا۔" اور میں مجبور ہوں کہ اسلام ترک نہیں کر سکتا۔"

میرینہ نے شدتِ کرب سے آنکھیں بند کر لیں اور فیصلہ کن لہجے میں کہا۔" تب پھر تم طرابلس واپس جاؤ۔ افریقہ کے صحراؤں اور ریگزاروں میں گھوم پھر کر کسی مفاہمانہ فیصلے پر پہنچنے کی کوشش کرو۔ تمہارا یہ فیصلہ جذباتی اور عاجلانہ ہے۔"

حسن نے جواب دیا۔" میرینہ! تو یہ کیوں نہیں سمجھتی کہ انسان کا اپنے مذہب سے ہمیشہ ہی جذباتی لگاؤ رہا ہے۔ تو بھی تو انہی میں سے ہے جو اپنے مذہب سے والہانہ عشق اور شیفتگی رکھتے ہیں۔"

پھر دونوں نے اس اذیت ناک موضوع پر گفتگو بند کر دی اور المیہ مستقبل کو سوچے بغیر الحمرا کے ایوانوں اور غلام گردشوں میں گھومتے پھرتے رہے۔ کسی کسی لمحے جب مایوسی کی چمک اور احساس ناکامی کی کسک ان کے دلوں پر چوٹ لگاتی تو وہ فوراً ہی اس بچے کی طرح جو اندھیرے سے خوفزدہ ہو کر آنکھیں بند کر کے خوف سے نجات حاصل کرتا ہے اپنے دل و دماغ کے دریچے بند کر کے فکر اور تشویش سے نجات حاصل کر لیتے۔

اسی طرح چار ماہ گزر گئے، دونوں ملتے، پیار محبت کی باتیں کرتے اور بات یہاں پہنچ کر ختم ہو جاتی میرینہ کہتی۔" دینِ مسیح اختیار کرو اور مجھے حاصل کر لو۔"

حسن کہتا۔" اگر تو اسلام قبول کر لے تو میں تیرا بندۂ بے دام ہوں۔"

پھر ایک دن حسن نے میرینہ کو یہ بُری خبر سنا دی۔" میرینہ! میں طرابلس واپس جا رہا ہوں۔"

میرینہ پریشان ہو گئی۔" پھر واپس آؤ گے؟"

"ہاں!" حسن نے جواب دیا۔" لیکن میری واپسی سے تجھے کیا فائدہ پہنچے گا؟"

میرینہ گم صم لہجے میں بولی۔" تم ٹھیک کہتے ہو۔ واقعی ایسی ملاقات سے فائدہ، جس میں ہمیشہ اسلام کی خلیج حائل رہے!"

"اسلام کی نہیں مسیحیت کی کہو!" حسن نے دکھ سے کہا۔" اگر تو عیسائی نہ ہوتی تو میری ہوتی۔"

"میں تم سے بحث نہیں کروں گی!" میرینہ کہنے لگی۔" تم چاہے دو سال بعد آؤ۔ لیکن آنا ضرور۔ ممکن ہے اس درمیان مفارقت کی آگ تمہاری مذہبی استقامت کو جلا کر خاکستر کر دے اور تم وہ نہ ہو جو اس وقت ہو!"

حسن نے جواب دیا۔" میں تیری خواہش کا احترام کرتا ہوں، میں ایک بار پھر آؤں گا لیکن تو اس

خیالِ خام کو اپنے دل سے نکال دے کہ میں اپنی زندگی کے کسی حصے میں بھی اسلام کو ترک اور دینِ مسیح اختیار کر لوں گا۔" پھر نا اُمیدی سے کہنے لگا۔ "یہ بھی تو ہو سکتا ہے کہ جب میں دوبارہ واپس آؤں تو تو اپنے ماموں کے بیٹے وان جان پر ملتفت ہو چکی ہو!"

میرینہ تڑپ گئی "مور! تم خواہ مخواہ حسد کی آگ میں مت جلو۔ جب میں تم سے یہ کہہ چکی ہوں کہ میری زندگی میں میری امیدوں اور تمناؤں کے پہلے اور آخری مرکز تم ہو تو تمہیں مجھ سے اس قسم کی باتیں نہیں کرنی چاہئیں۔ مجھ کو جلاؤ مت!"

حسن نے چند ثانیوں تک ٹکٹکی لگائے میرینہ کو دیکھا۔ انتہائے یاس اور جدائی کے صدمے نے اس کے چہرے کی شگفتگی کو پھیکا کر دیا تھا۔ اسے بڑا رحم آیا۔ کہنے لگا: "اچھا یہ بتا کہ جب میں دوبارہ تجھ سے ملنے آؤں تو تحفے میں تیرے لئے کیا لیتا آؤں؟"

میرینہ کی آنکھیں نم ہو گئی تھیں، آنکھوں کے گوشوں سے آنسوؤں کو اپنی اُنگلی پہ لے کر جھٹک دیا۔ اور مغموم آواز میں بولی: "تحفے لوگ اپنی مرضی سے لاتے ہیں، جو جی میں آئے لے آنا!"

حسن نے میرینہ کے غم و اندوہ کو ختم کرنے کی کوشش کی لیکن وہ برقرار رہا۔ وہ اسے اس طرح مغموم چھوڑ کر نہیں جانا چاہتا تھا لیکن مجبوراً جانا پڑا۔

نواب سانتانی اپنی بیٹی کے قلبی معاملات سے آگاہ ہو چکا تھا وہ چاہتا تو اس مور کی آمد و رفت کو حکماً بند کر دیتا لیکن اسے میرینہ سے محبت تھی۔ وہ اس پہ جبر بھی نہیں کرنا چاہتا تھا لیکن جب اسے یہ اطلاع ملی کہ میرینہ حسن کے ساتھ گھنٹوں والہانہ وارفتگی کے ساتھ الحمرا کے محلات میں گھومتی رہی ہے اور پھر اس نے حسن کو افسردہ اور مغموم میرینہ کے پاس سے جاتے دیکھا تو ہمت کر کے بیٹی سے بات کر ہی ڈالی، اس نے کہا۔ "میرینہ! میں تیرے ذاتی معاملات میں دخل تو نہیں دینا چاہتا تھا لیکن میں دیکھ رہا ہوں کہ تیرے اس جلا وطن مور سے تعلقات تشویشناک حد تک بڑھ چکے ہیں!"

میرینہ نے صاف گوئی سے کام لیا۔ بولی: "باوا جان! میں نے اس مور سے کہہ دیا ہے کہ میں ایک دشمنِ مسیح کے ہاتھ میں اپنا ہاتھ ہرگز نہ دوں گی۔"

نواب سانتانی نے بات کاٹ دی، "لیکن ایک بات اور ہے وہ یہ کہ مور تاجر ہے اور میں تاجر کو سپاہی سے کمتر درجے کا تصوّر کرتا ہوں۔"

"لیکن میرا خیال ہے کہ حسن بہادر بھی ہے!" میرینہ کہنے لگی۔ "اس کی بات چیت اور اٹھنے بیٹھنے کا انداز سپاہیانہ ہے۔ اس میں سپاہیوں جیسی قوتِ فیصلہ اور شجیع انسانوں جیسا طرزِ تکلّم ہے!"

نواب سانتافی بیٹی سے ہار گیا۔" دیکھوں گا" اگر تیری باتیں درست نکلیں اور اس نے تیری خاطر اپنے آبائی مذہب کو چھوڑ دیا تو تیرا ہاتھ اس کے ہاتھ میں دے دینے میں مجھے کوئی تامل نہ ہوگا۔"

حسن غرناطہ سے المیریہ پہنچا اور ایک تجارتی جہاز جس پر کچھ مسافر بھی تھے اسے لے کر جھاگ اڑاتا ہوا طرابلس کی طرف روانہ ہوگیا۔ جہاز کے عرشے سے، اگر حسن کو معلوم ہوتا اور وہ چاہتا تو دیکھتا۔ المیریہ کی پہاڑی سے میرینہ اس کے جہاز کی روانگی کا منظر دیکھ رہی تھی۔ میرینہ اس کے پیچھے پیچھے المیریہ تک آئی۔ اور دل پر ضبط کی سل رکھ کر الوداعی منظر دیکھتی رہی۔

جب وہ طرابلس واپس پہنچا تو اس کی ماں فالج کا شکار ہو چکی تھی۔ حسن کئی ماہ مسلسل اپنی ماں کے علاج میں مشغول رہا لیکن مرض کے دوسرے حملے نے اس کی جان لے لی۔ اور حسن رو دھو کر اپنی قسمت پر شاکر ہو رہا۔ ان الجھنوں میں اس کا ایک سال نکل گیا۔ میرینہ اسے برابر یاد آتی رہی لیکن اب وہ مایوس ہو چلا تھا۔ اس نے سوچا۔ جذبات کی رو میں بہہ کر بڑے بڑے وعدے کئے جا سکتے ہیں لیکن کیا واقعی اس ہسپانوی لڑکی میرینہ کے دل میں جلاوطن اور غریب الدیار مور کی یاد اب بھی موجود ہوگی! اسے یقین نہ آیا۔

جب وہ چاروں طرف سے فارغ ہو گیا تو طرابلس کے ساحل پر اس جہاز کا انتظار کرنے لگا جو اسے سمندر کے سینے اور سرکش موجوں کو چیرتا ہوا المیریا کے ساحل تک پہنچا دے۔ ایک دن اسے یہ جہاز مل گیا۔ وہ اس پر سوار ہو کر المیریا روانہ ہو گیا۔ اس نے چھوٹے چھوٹے خوبصورت خرگوشوں کا ایک جوڑا میرینہ کو تحفے میں دینے کے لئے اپنے ساتھ لے لیا تھا۔

المیریا کے ساحل پر وہ دھڑکتے ہوئے دل سے کود کر اترا اور بحری محکمے کی انتظامیہ کی طرف چلا گیا۔ وہاں اپنے کاغذات دکھائے اور واپس آ کر اپنا سامان لے کر کرائے کے خچر پر اسے بار کیا اور موتابرول کی سرائے کی طرف چل پڑا ابھی وہ راستے ہی میں تھا کہ اسے ایک بڑی بی نے ایک خط دیا۔ یہ بڑی بی راہ میں پہلے ہی سے منتظر کھڑی تھیں اس نے ایک نظر بڑی بی پر ڈالی اور خط پڑھنے لگا۔ یہ میرینہ کا تھا۔ جس میں لکھا تھا:۔

"بہادر مور! میں حیران صقلبی کی پہاڑی سے تمہیں دیکھ رہی تھی۔ میرا بھائی میکسیکو سے آچکا ہے۔ اس نے تمہیں بالکل ناپسند کر دیا ہے۔ وہ میرا رشتہ دان جان سے کرنا چاہتا ہے میں تمہیں مشورہ دیتی ہوں کہ تم غرناطہ میں مجھ سے ملنے کی کوشش نہ کرنا۔ میں موقع محل دیکھ کر خود ہی تمہیں بلالوں گی۔"

میرینہ کی بدخطی اور حرفوں میں پائی جانے والی ناہم آہنگی سے اس نے اندازہ لگا لیا کہ وہ بہت عجلت

میں لکھا گیا ہے اس نے شکستہ دلی سے ایک رات المیریا میں گزاری اور دوسرے دن علی الصباح عزناطہ روانہ ہوگیا۔ وہ کئی دن تک سرائے سے باہر نہ نکلا۔ اسے میرینہ کے دوسرے پیغام کا انتظار تھا۔ بالآخر وہ یہ سوچ کر باہر نکلا کہ وہ میرینہ کے گھر کے سوا کہیں اور تو جا ہی سکتا ہے، وہ بلا مقصد ادھر اُدھر مارا مارا پھرتا رہا۔ یہاں تک کہ جب وہ مسجد الکبیر کے سامنے پہنچا تو اس کے قدم خود بخود رک گئے۔ یہ وہی مسجد تھی جسے مسلمانوں کے اخراج کے بعد عیسائیوں نے گرجا میں بدل دیا تھا۔ اور یہی وہ جگہ تھی جہاں گمشدہ اور لاپتہ میرینہ اتفاقیہ مل گئی تھی۔ وہ بوجھل قدموں سے مسجد میں داخل ہوگیا۔ جب وہ قربان گاہ مسیح کے قریب پہنچا تو اس نے ایک شخص کو سربسجود دیکھا اس کی کمر سے گہرے سرخ رنگ کا پٹکا لٹک رہا تھا۔ حسن کچھ دیر کھڑا اسے دیکھتا رہا اور پھر چپ چاپ واپس آگیا۔ جب وہ باہر نکلا تو مسجد کے دوسرے دروازے سے میرینہ کو نکلتے دیکھا۔ اس کی صحت تباہ ہوچکی تھی، میرینہ اسے دیکھ کر گڑ گڑا سی گئی۔ کچھ دیر اسے دیکھتی رہی اس کے بعد ہاتھ کے اشارے سے مسجد کے منبر کے اس پار لے گئی۔ یہ موروں کا قبرستان تھا۔

ایک تناور درخت کی آڑ میں خود بھی بیٹھی اور اسے بھی بٹھا دیا۔ اپنی قلبی خوشی کو چھپاتی ہوئی بولی۔ "کہو کیا فیصلہ کیا؟ میں تیرا فیصلہ سننا چاہتی ہوں!"

حسن میں جواب کا یارا نہ تھا۔ خجالت سے جواب دیا۔ "وہی فیصلہ جو ایک سال پہلے تھا۔ اب بھی اُسی پہ قائم ہوں!"

میرینہ روہانسی ہوگئی "تو تم یہ چاہتے ہو کہ میں مر جاؤں۔ جانتے ہو کہ اس وقت جہاں تم کھڑے ہو کیا کہلاتی ہے؟"

حسن نے نفی میں گردن ہلا کر جواب دیا۔ میرینہ کہنے لگی "یہ قبرستان ہے۔ اور تم یقین کرو کہ یہ مجھے بڑی تیزی سے اپنی طرف بلا رہا ہے۔ مور! یا تو تمہیں میرے دل میں اپنی چاہت کی آگ نہیں لگانی تھی اور اگر لگائی تھی تو اس کے بجھانے کی تدبیر بھی کرتے!"

"میرینہ!" حسن کہنے لگا "میں صرف تیری خواہش پر یہاں آیا ہوں ورنہ تجھے اچھی طرح یاد ہوگا۔ میں تجھ سے یہ کہتا گیا تھا کہ اسلام میری رگ وپے میں جاری ہے اور اسے میں کسی قیمت پر بھی نہیں چھوڑ سکتا۔"

"میرا بھائی مجھ سے نفرت کرتا ہے!" میرینہ بولی۔ "صرف تیری وجہ سے، اسے ہم دونوں کی ایک ایک بات معلوم ہوگئی ہے۔ وہ ایک مور اور وہ بھی تاجر مور سے میرا رشتہ نہیں کر سکتا۔ میں پریشان ہوں کہ تجھے اپنے گھر میں کس طرح بلاؤں۔ مور! تو نے میرے خاندان کو مصیبت میں مبتلا کر دیا ہے۔"

"میرینہ! یہ تیری بڑی زیادتی ہے" حسن کہنے لگا۔ "ساری ہی باتوں کا تو تنہا مجھے ذمہ دار قرار دے

رہی ہے۔ اگر تو کہے تو میں سارے عہد و پیمان تجھے واپس کر سکتا ہوں؟"

میر ینہ یہ بھی نہ چاہتی تھی۔"میں یہ نہیں چاہتی۔ عہد و پیمان اپنی جگہ ہیں اور وہیں رہیں گے لیکن تجھے اس الجھن کو دُور کرنے کی تدبیر ضرور کرنی چاہیئے!"

"تب پھر اسلام قبول کرلے" حسن نے کہا۔"ہم دونوں کی ساری الجھن دُور ہو جائے گی۔"

"میں یہ نہیں کرسکتی!" میر ینہ کا طوفان جیسے ٹھہر گیا۔"ابھی جب تو گرجے کے اندر تھا تو کیا تو نے کسی شخص کو قربان گاہِ مسیح کے سامنے گریہ وزاری کرتے دیکھا ہے؟"

"ہاں!" حسن بولا۔"وہ سرخ پٹکے والا مسیحی؟ یہ کون ہے؟"

"دان جان!" میر ینہ کہنے لگی۔" وہ بہت کوشاں ہے کہ میں اسے پسند کرلوں لیکن میں تجھ سے جو پیمان باندھ چکی ہوں، زندگی کی آخری سانسوں تک اس پر قائم رہوں گی۔"

حسن کے شکّی دل کو پھر تشویش ہوئی۔ کہیں میر ینہ دان جان سے ملاقات کرنے تو نہیں آئی تھی۔ اور حسن کو دیکھ کر بغیر ملے ہی واپس آگئی ہو۔ اس نے زہر خند کرتے ہوئے کہا:"اچھا تو اس وقت تو اسی سے ملنے آئی تھی!!"

"مور!" وہ تلملا گئی۔"تم بہت شکّی ہو۔ میں پہلے ہی کہہ چکی ہوں کہ مجھے دو رنگی نہیں آتی۔ اگر میرے دل میں تمہاری محبت نہ ہوتی تو پہلے ہی کہہ دیتی کہ میرا خیال اپنے دل سے نکال دو۔ میں تو تمہاری وجہ سے زمانے بھر کی دشمنی مول لے رہی ہوں اور تم ایسی باتیں کرتے ہو!"

حسن نے پوچھا۔"تیرا بھائی آخر کہتا کیا ہے؟"

میر ینہ نے جواب دیا۔"کہتا ہے کہ ایک تاجر مور کے ہاتھ میں اپنی بہن کا ہاتھ نہ دوں گا۔ ہاں اگر مور باہمی مقابلے میں اسے شکست دے دے تو البتہ تیری درخواست پر غور کیا جا سکتا ہے!"

"میں تیار ہوں!" حسن نے بلا تامل کہا۔"اپنے بھائی سے جا کر کہہ دے کہ غریب الوطن مور تجھ سے مقابلے کے لئے تیار ہے!"

"فضول باتیں مت کرو!" میر ینہ بولی۔"تم نہیں جانتے کہ میرے بھائی نے یہ شرط کیوں رکھی ہے!"

"کیوں رکھی ہے کچھ تو ہی بتا!" حسن نے کہا۔

میر ینہ نے جواب دیا۔"صرف اس لئے کہ وہ فنِ سپاہ گری میں طاق ہے ید طولیٰ رکھتا ہے۔ وراس کے مقابلے میں تم بالکل نو آموز اور بچے ہو وہ چند لمحوں ہی میں تمہیں قتل کر دے گا۔"

"یہ تیرا خیال ہے!" حسن نے کہا"میر ینہ! میں آج تیری اور تیرے گھر والوں کی یہ غلط فہمی دُور

کر دینا چاہتا ہوں کہ میں محض تاجر نہیں ہوں، مجھے حالات اور وقت نے تاجر بنا دیا ہے ورنہ میری اصل شجاعت اور شہامت ہے۔ جس طرح میں مسلمان ہوں اسی طرح میں ایک سپاہی بھی ہوں!"

"پھر بھی تم میرے بھائی سے مقابلہ نہ کرنا۔ مجھے ڈر لگتا ہے!"

"تیری مرضی!" اس نے کہا۔ "اگر تیرا بھائی اس شرط پر لڑنا گوارا کرے کہ اگر میں اسے زیر کر لوں تو وہ تیرا رشتہ مجھ سے کر دے گا اور اگر وہ مجھے قتل کر دے تو اس طرح وہ اپنے ایک بدترین دشمن سے نجات حاصل کرے گا۔ اور میرا خیال ہے کہ یہ ایک ایسی عمدہ اور شریفانہ شرط ہے جو تجھے بھی پسند آنی چاہیے!"

میرینہ نے کہا۔ "اچھا اس وقت تو تم مجھے گھر جانے دو۔ میں سوچوں گی!"

وہ میرینہ کو مسجد کی دیواروں تک چھوڑنے آیا اور جب وہ نظروں سے اوجھل ہو گئی تو وہ خود بھی اپنی سرائے روانہ ہو گیا۔

اس دن پوری فضا کہر میں ڈوب گئی تھی۔ موسم بہت اداس تھا۔ صبح کا ایک پہر گزر چکا تھا۔ دو گھوڑے سرائے کے پھاٹک پر آ کر رکے۔ ان کے سوار نہایت وجیہہ نوجوان تھے۔ گھوڑوں کی لگامیں سرائے کے سائیس کو تھما دیں اور خود حسن کا پتا پوچھتے ہوئے اس کے پاس پہنچ گئے۔ حسن انہیں دیکھتے ہی احتراماً کھڑا ہو گیا۔ اپنی خداداد ذہانت سے حسن نے ان دونوں کو پہچان لیا۔ پیشوائی کے انداز میں آگے بڑھتا ہوا بولا۔ "نواب سانتانی کے بیٹے! خوش آمدید!" پھر اس کے ساتھی کی طرف اشارہ کرتا ہوا بولا۔ "اور تو؟ غالباً تو دان جان ہے!"

سانتانی کا بیٹا حسن کی ذہانت پر عش عش کر اٹھا۔ "تو واقعی ذہین اور دلکش ہے۔ میرینہ تیری یونہی رطب اللسان نہیں ہے!"

"ہسپانوی بہادرو!" حسن خوش اخلاقی سے مسکراتا ہوا بولا۔ "میں تمہارا احترام کرتا ہوں۔ کیا تم پھلوں کا رس پینا پسند کرو گے؟"

"نہیں!" میرینہ کا بھائی کراہت سے بولا۔ "ہم دونوں میرینہ کی لاعلمی میں یہاں آئے ہیں۔ میں تجھ سے کھڑے کھڑے چند باتیں کروں گا۔ اس کے بعد تیرے مستقبل کا فیصلہ تیری اپنی قوت فیصلہ کے مطابق ہو گا!"

"دوستو!" حسن اب بھی ان کا احترام کر رہا تھا۔ "مہمان نوازی میرا دینی فرض اور اسوۂ رسولؐ ہے تم دونوں مجھے اس ثواب سے محروم نہ کرو!"

میرینہ کے بھائی نے اسی اکڑ سے کہا۔ "مجھے تیری شرط منظور ہے میں تجھ سے مقابلہ کرنے آیا ہوں۔ اگر تو مجھے زیر کرے گا تو میرینہ تیری ہو جائے گی اور اگر میں تجھے قتل کر سکا تو میرینہ کا ہاتھ دان جان کے ہاتھ میں دے دوں گا۔"

دان جان آگے بڑھا اور مردانہ شان سے بولا۔ "مجھے یہ شرط منظور نہیں، میں میرینہ کی مرضی کے خلاف کچھ بھی نہیں کر سکتا۔ اگر میرینہ خود یہ کہہ دے کہ اس مور کو شکست دے دینے کے بعد وہ میری ہو جائے گی تو میں خود اس بہادر کو زیر کرنے کی کوشش کروں گا!"

حسن نے دیوار پر آویزاں اپنی دمشقی تلوار پر ایک اچٹتی نظر ڈالی اور جواب دیا۔ "میں تم دونوں سے لڑنے کو تیار ہوں!"

میرینہ کے بھائی نے اپنی روایتی متکبرانہ شان سے کہا۔ "لیکن تجھ سے مقابلہ کرنے میں ایک قباحت آڑے آ رہی ہے؟"

"اسے بیان کر!" حسن نے کہا۔ "ممکن ہے میں اسے دور کر دوں!"

"تو تاجر ہے!" میرینہ کا بھائی بولا۔ "تاجر سے مقابلہ کرتے ہوئے میں شرم سی محسوس کرتا ہوں۔"

اسی لمحے وہاں نواب سانتانی اور میرینہ داخل ہوئے۔ نواب ماحول کی کشاکش سے سمجھ گیا کہ یہاں کس قسم کی باتیں ہو چکی ہیں۔ اس نے حسن کو مخاطب کیا۔ "بہادر مور! تم میرے ساتھ میرے گھر چلو!" اس کے بعد اس نے اپنے بیٹے اور دان جان سے بھی اشارہ کرتے ہوئے کہا۔ "اور تم دونوں بھی!"

حسن نے اپنے مخصوص کپڑے پہنے وہ کپڑے جنہیں پہن کر میدانِ جنگ کا رخ کیا جاتا ہے۔ اس کے بعد اپنی دمشقی ساخت کی تلوار لی۔ اور تیار ہو کر نواب سانتانی کے ساتھ چلنے پر آمادہ ہو گیا۔

یہ سب خاموشی سے باہر نکلے اور گھوڑوں پر سوار ہو کر نواب سانتانی کے گھر پہنچ گئے۔ میرینہ دیر تک ان سب کو سمجھاتی رہی کہ کسی طرح یہ مقابلہ ٹل جائے لیکن اب حسن مقابلے پر بضد تھا۔ یہ لوگ اسی کمرے میں بیٹھے تھے جہاں دیواروں پر ہتھیار سجے ہوئے تھے، جب نواب سانتانی اور میرینہ نے بہت زیادہ امن و آشتی پر قائم رہنے پر زور دیا تو حسن مشتعل ہو گیا۔ اس نے تمتائے چہرے سے کہا۔ "نواب سانتانی! عزت یا موت! یہی ہمارے خاندان کا نعرہ ہے اور اپنے باپ کی طرح میں بھی اس کی عظمت برقرار رکھوں گا!"

نواب سانتانی چونک پڑا۔ ایسا معلوم دیا جیسے کسی زہریلے کیڑے نے ڈنک مار دیا ہو۔ "کیا تو بنو سراج سے تعلق رکھتا ہے؟"

"ہاں!" حسن نے جواب دیا۔ "میں آج مجبوراً تم سب کی غلط فہمیاں دور کر دینا چاہتا ہوں، میں تاجر نہیں ہوں، سپاہی ہوں اور حکمرانانِ غرناطہ کے شاہی خاندان سے تعلق رکھتا ہوں۔"

نواب سانتافی نے سوال کیا۔ "تیرے باپ کا کیا نام تھا؟"

"موسیٰ!" حسن نے جواب دیا۔

نواب سانتافی اپنے ذہن پر زور دیتا ہوا بولا۔ "یہ وہی موسیٰ تو نہیں ہے جو فرڈی نینڈ کی پچاس ہزار فوج کے مقابلے میں تنہا پہنچ گیا تھا اور مبارزت طلبی میں کئی بہادروں کو ہلاک کرنے کے بعد دریائے شنیل کی تہہ میں ہمیشہ ہمیشہ کے لئے روپوش ہو گیا تھا!"

حسن نے فخریہ کہا۔ "ہاں وہ میرا باپ تھا!"

نواب سانتافی نے افسوس اور ندامت سے اپنی گردن جھکا لی اور دیر تک سوچتا رہا۔ میریہ خوش تھی کہ اس کے مسیح نے اس کی لاج رکھ لی تھی اور اس نے ایک بہادر اور شاہی خاندان کے فرد سے محبت کی تھی، میریہ کا بھائی رشک و حسد سے اس کی باتیں سنتا رہا تھا اور دل جان پریشان تھا کہ یہ مور نوجوان خاندانی فخر و وقار میں اس سے بلند اور برتر ہے!

کچھ دیر بعد نواب سانتافی نے اپنی گردن اٹھائی اور حزنیہ لہجے میں بولا۔ "بہادر مور! تو بہت بدقسمت ہے اور معلوم نہیں ابھی تجھے کتنے غم اور سہنے ہیں!"

اس کے بعد وہ اٹھ کر کھڑا ہو گیا اور کمرے کی ایک دیوار کی طرف بڑھتا ہوا بولا۔ "معزز مور! ادھر آ میرے پیچھے!"

حسن اس کے پیچھے اس دیوار کے پاس پہنچ گیا۔ نواب سانتافی نے ایک مٹی مٹی سی عبارت کی طرف اشارہ کرتے ہوئے کہا۔ "دیکھنا تو یہ کیا لکھا ہے؟"

حسن نے انتہائی غور سے دیکھنے کے بعد پڑھا۔ "عزت یا موت!"

حسن کا سر چکرا گیا، یہ یہاں کیوں لکھا گیا، اس کی کچھ سمجھ میں نہ آیا۔ نواب سانتافی کہنے لگا۔ "جیسا کہ میں ابھی ابھی کہہ چکا ہوں کہ تیری قسمت میں ابھی معلوم نہیں کس کس بات کا ماتم لکھا ہے، بہرحال میں یہ حیرت انگیز انکشاف کرتا ہوں کہ اس وقت تو جس مکان میں کھڑا ہے تیرا آبائی مکان ہے!"

حسن کو ایسا محسوس ہوا جیسے اس کے جسم سے جان نکل رہی ہے۔ سارا جسم ایک کرب ناک سنسناہٹ کا شکار ہو گیا۔ اس نے بجھے ہوئے لہجے میں کہا۔ "نہیں میرا دادا ابھی تو ہلاک کیا گیا تھا اور لے تم لوگوں نے اس لئے مار دیا تھا کہ وہ اپنے آبائی وطن اور مکان کو چھوڑنے پر آمادہ نہ تھا!"

"ہاں!" نواب سانتانی نے جواب دیا۔ "اسے میں نے ہی ہلاک کیا تھا، اس کے بعد میری سپاہیانہ خدمات کے صلے میں ملکہ ازابیلا نے یہ مکان اور کچھ جاگیر مجھے بطور انعام بخش دی تھی۔"

اب حسن گویا وہاں بالکل تنہا تھا۔ اس نے اپنے آس پاس دشمنوں کی عف عف محسوس کی۔ اس نے حسرت سے میرینہ کی طرف دیکھا۔ "اب تو کیا کہتی ہے؟"

میرینہ نے صلح آمیز تجویز پیش کی "بھائیوں کی طرح مل جل کر رہو اور خاندانی رنجشیں فراموش کر دو۔"

"یہ تو کہتی ہے!" حسن ترش روئی سے بولا "میں نے تیری تجویز سن لی۔ اب تو میرا فیصلہ بھی سن لے میں جب طرابلس سے چلا تھا تو بظاہر تو میں تاجر تھا لیکن دل میں یہ ارادہ لے کر آیا تھا کہ غرناطہ میں اپنے دشمنوں کو تلاش کر کے ان سے انتقام لوں گا۔ لیکن للیریہ کی پہاڑی پر لیموؤں کے جھنڈ میں تجھ سے ملاقات ہوگئی اور میں پہلی بار اس لذّت سے واقف ہوا جسے عشق کہتے ہیں، پھر جب تو غائب ہوگئی تو میں غرناطہ چلا آیا۔ یہاں پھر تجھ سے ملاقات ہو گئی۔ تیری ملاقاتیں، قربتیں اور باہمی چاہتیں میرے اصل ارادے کو چاٹ گئیں اور میں اپنی زندگی کا اصل مقصد بالکل بھول گیا۔" یہ کہتے کہتے اس کی گردن جھک گئی، وہ روتا رہا۔ پھر بھرائی آواز میں بولا۔ "بہادر رو! یہ سچ ہے کہ مردوں کو رونا نہیں چاہیئے لیکن جس پر میری جیسی اُفتاد پڑی ہو وہ رونے پر مجبور ہے!" اس کے بعد وہ میرینہ سے مخاطب ہوا۔ "میرینہ! میں اب بھی اپنے عہد پر قائم ہوں لیکن اب تجھے یہ یقین کر لینا چاہیئے کہ تو میری نہیں بن سکتی۔ میں چاہتا ہوں کہ تو اپنے عہد و پیمان مجھ سے واپس لے لے۔ اب میں اپنی قسم اس طرح پوری کرنا چاہتا ہوں کہ تیرا بھائی مجھ سے مقابلہ کرے۔ وہ یا تو مجھے ہلاک کر دے یا میں اسے قتل کر دوں، اگر تیرا بھائی مارا جائے تو یہ نواب سانتانی کی اعلیٰ ظرفی ہوگی کہ وہ تیرا ہاتھ میرے ہاتھ میں دے دیں۔ لیکن اگر وہ ایسا نہ کریں تو مجھے کوئی شکایت بھی نہ ہوگی۔"

نواب سانتانی نے کہا۔ "اگر میرے بیٹے اور تیرے درمیان کوئی اس قسم کی شرط طے پا جاتی ہے تو میں اس کا احترام کروں گا!"

حسن نے دان جان کی طرف دیکھا۔ "میرینہ! یہ نوجوان تیری ہمدردی اور محبت کا مستحق ہے۔ اگر میں مارا جاؤں تو میں تجھ سے درخواست کرتا جاؤں گا کہ میرے بعد تو اس کی دلجوئی کر اور اسے اپنے حق میں نعمت سمجھ کر قبول کر لے۔"

میرینہ نے اشکبار نظروں سے دیکھا اور آہستہ سے بولی۔ "میں مجبور ہوں، تیری ہر بات منظور۔ لیکن اس سلسلے میں میں کوئی وعدہ نہیں کر سکتی۔"

دان جان جو اب تک چپ تھا گویا ہوا۔ "بہادر مورا! میں تجھ سے مقابلہ کروں گا۔ اگر میں تجھے زیر کر سکا

تو میرینہ سے درخواست کروں گا کہ مجھے اپنے قدموں میں جگہ عنایت فرما دے۔"

میرینہ کا بھائی باہر جاتا ہوا بولا۔ "مور! اب اور وقت نہ ضائع کرو، دریائے ڈارو کا ساحل ہمارا انتظار کر رہا ہے!"

حسن اس کے ساتھ چل دیا۔ دان جان بھی ساتھ ہولیا۔ میرینہ نے ساتھ جانے سے انکار کر دیا۔ کہنے لگی: "میں تم لوگوں کے ساتھ نہیں جاؤں گی۔" اس کے بعد حسن سے بولی۔ "جب میرا بھائی واپس آئے گا اور تمہیں اس کے ساتھ نہیں دیکھوں گی تو تمہارے حسرت ناک انجام کا مجھے خود بخود علم ہو جائے گا۔"

نواب سانتافی انہیں دروازے تک چھوڑ کر واپس چلا گیا۔ تینوں اپنے گھوڑے دوڑاتے ہوئے دریائے ڈارو کے اس کنارے پہنچ گئے جہاں عموماً اس قسم کے مقابلے اور فیصلے ہوتے رہتے تھے۔

تھوڑی دیر بعد دو تلواریں فضا میں لہرائیں اور مقابلہ شروع ہو گیا۔ میرینہ کا بھائی ایک کہنہ مشق سپاہی تھا۔ اس نے پھرتی اور مہارت کا شاندار مظاہرہ کیا۔ اس کا مقابلہ جارحانہ تھا۔ برخلاف اس کے حسن کا یہ پہلا مقابلہ تھا۔ اس میں چالاکی اور ہوشیاری تو البتہ موجود تھی۔ سپاہ گری کے داؤ پیچ بھی آتے تھے لیکن اس کا مقابلہ مدافعانہ تھا۔ کئی بار تلوار اس طرح چمکتی ہوئی حسن کی گردن تک آئی کہ شبہ گزرا حسن مارا گیا لیکن ایسے موقع پر اگر وہ پھرتی سے گردن ہٹا نہ لے تو صاف ہو جاتے۔

تقریباً آدھ گھنٹے بعد حسن کا پلا بھاری پڑنے لگا۔ اس نے کا وار دے کر تلوار اٹھائی تو تھی سر کے لئے لیکن جب اس نے سر بچانا چاہا تو حسن نے تلوار کی نوک اس کے پیٹ میں اتار دی۔ ایک خوفناک چیخ کے ساتھ وہ گھوڑے سے نیچے آ گیا۔ حسن بھی گھوڑے سے اتر پڑا۔ اس کی تلوار اپنے قبضے میں کی اور خوش ہوتا ہوا بولا۔ "میرے دشمن کے بیٹے! مجھے یہ یقین تو تھا کہ تو مجھے قتل کر دے گا لیکن اس کا شبہ تک نہ تھا کہ میں تجھے زیر کر لوں گا!"

اس کے بعد دان جان سے مخاطب ہوا۔ "دوست! مجھے تجھ سے ہمدردی ہے۔ اگر تو چاہے تو مجھ سے اپنے بھائی کا بدلہ لے سکتا ہے!"

نواب سانتافی اور میرینہ بھی اپنے اپنے گھوڑوں پر سوار دریائے ڈارو کے کنارے پہنچ گئے۔ انہوں نے جب حسن کے حریف کو زخموں سے کراہتے اور سسکتے دیکھا تو بے چین ہو گئے۔ بوڑھا نواب گھوڑے سے کود کر اس کے سرہانے پہنچ گیا اور چلوؤں میں پانی بھر بھر کر اسے پلانے لگا۔ "بابا جان! اس مور نے مجھے شکست دی ہے۔ شرط کے مطابق میرینہ کا ہاتھ اس کے ہاتھ میں دے دیجئے گا!"

میرینہ کا عجب حال تھا اسے غم بھی تھا اور خوشی بھی، بھائی کی موت کا غم اور محبوب کی فتحمندی کی خوشی۔

حسن نے دان جان کو للکارا۔ "تو بھی آجا!"

نواب سانتافی نے بھی گھور کر دان جان کو دیکھا گویا کہہ رہا ہو بیٹا' اس مور سے مقابلہ کر اور اپنے بھائی کا بدلہ لے لے۔"

دان جان کا گھوڑا آگے بڑھا۔ حسن پھرتی سے گھوڑے پر سوار ہو کر مقابلے کے لیے تیار ہو گیا۔

دو تلواریں پھر فضا میں لہرائیں اور یہ سانپ اپنے اپنے حریفوں کو ڈسنے کے لیے ایک دوسرے پر لپکے۔ میرینہ کو یقین تھا کہ حسن نے جب اس کے بھائی کو شکست دے دی ہے تو دان جان بھی مارا جائے گا لیکن یہ مقابلہ کانٹے کا ثابت ہوا۔ دونوں ہی احتیاط اور ہوشیاری سے اپنے حریف کو مار دینے کی کوشش کر رہے تھے لیکن پھر دان جان حاوی آنے لگا اور حسن کے ہاتھ کی پھرتی کم ہونے لگی۔ میرینہ نے اپنی سانس روک لی اور دعائیں مانگنے لگی۔

میرینہ کا بھائی آخری سانسیں پوری کر رہا تھا، اچانک ایک جھٹکے کی آواز گونج گئی۔ حسن کی تلوار ہاتھ سے چھوٹ کر دور جا گری تھی اور دان جان نے اسے نہتا دیکھ کر موقع جانے نہیں دیا۔ نہایت چستی اور مہارت سے اپنی تلوار حسن کی گردن میں اتار دی۔ جو گردن کے کنارے سے لہراتی ہوئی دونوں ہنسلیوں کے درمیان تیر گئی۔ حسن چیختا ہوا زمین پر گر گیا۔

میرینہ چیخ مارتی ہوئی اس کے قریب پہنچ گئی۔ دان جان نے حقارت سے حسن کو دیکھا اور اپنی پیشانی کا پسینہ پونچھنے لگا۔ اس کے بعد چیخا۔ "نواب سانتافی! میں نے تیرے بیٹے کا بدلہ لے لیا۔ میرینہ! میں نے تیرے بھائی کے قاتل کو ہلاک کر دیا۔"

حسن کی پتلیاں پتھرائی جا رہی تھیں۔ اس نے بمشکل تمام ہاتھ کے اشارے سے میرینہ کو اپنے منہ کے قریب آنے کا اشارہ کیا۔ وہ کچھ کہنا چاہتا تھا۔ میرینہ نے اپنے کان اس کے ہونٹوں سے لگا دیئے۔

حسن نے بمشکل تمام کہا۔ "میرینہ! میں نے یہ سب کچھ تیری خاطر قبول کیا ہے۔ میں نے قصداً تلوار پھینک کر دان جان کے ہاتھوں ہلاک ہونا گوارا کر لیا۔ تو اسی طرح کش مکش عشق سے نجات پا سکتی تھی؟" وہ دم لینے کے لیے رکا۔ اس کا حلق خشک ہو رہا تھا۔ میرینہ بھاگی بھاگی دریا کے کنارے پہنچی اور اپنے رومال کو تر کر کے لے آئی۔ اسے حسن کے حلق میں نچوڑ دیا۔ اس کا رنگ سفید ہوتا جا رہا تھا۔ اس نے کچھ کلمات اور ادا کیے۔ "تو اگر چاہے تو دان جان کو اپنا سکتی ہے۔ میں تجھے اجازت دیتا ہوں۔" اور مرتے مرتے زیر لب نعرہ لگایا۔ "عزت یا موت" میرا باپ بھی اسی طرح گیا تھا۔"

الحمرا کے سنسان ایوانوں اور غرناطیہ کے محلات میں ایک پاگل سی عورت دیکھی جانے لگی۔ یہ کبھی قصر اللیوث میں جاتی اور پھر دارالاختین سے گزرتی ہوئی بنو سراج کے محلات میں داخل ہو جاتی

گھنٹوں بیٹھی دور تک پھیلے ہوئے ستونوں اور غلام گردشوں اور جالی دار محرابوں کو تکتی رہتی۔ پھر یہاں سے اٹھ کر وہ ایوان اسد میں پہنچ جاتی اور حوض کے اندر خون کے ان دھبوں کو دیکھتی رہتی جہاں چھتیس بنو سراج قتل کئے گئے تھے۔ یہی پاگل عورت المیریہ کے نخیران صقلبی کے محلات میں بھی گھومتی دیکھی گئی۔ لیموؤں کے سائے میں بیٹھ کر گھنٹوں اس راہ کو گھورتی رہتی جس سے پہلے پہل حسن یہاں داخل ہوا تھا۔ پھر وہ سمندر کے مقابل پہاڑی پہ پہنچ جاتی اور حدِ نظر تک پھیلے ہوئے سمندر پر نظریں گاڑ دیتی۔ وہ جھاگ اڑاتے ہوئے جہازوں کو آتے جاتے دیکھتی اور ان میں کسی کو تلاش کرتی رہتی۔ وہ کسی سے بات چیت نہیں کرتی تھی۔ ہمیشہ چپ رہتی۔ ہاں کبھی کبھی زیر لب "عزت یا موت" ضرور دہرا دیتی۔ یہ میرینہ تھی۔ لوگ کہتے اس پہ آخری ابن سراج کی روح آسیب بن کر مسلط ہو گئی ہے اور اس نے ہمیشہ ہمیشہ کے لئے میرینہ کا دماغی توازن بیکار کر دیا ہے۔ دان جان اگر زندہ ہوتا تو ممکن تھا میرینہ میں کوئی تبدیلی آجاتی لیکن اس نے تو اسی دن البشرات کی پہاڑی سے گر کر خودکشی کر لی تھی جب میرینہ نے اسے یہ بتایا تھا کہ" بہادر مور نے از راہ ہمدردی تیری خاطر قصداً تلوار پھینک کر تیرے ہاتھ سے قتل ہو جانا گوارا کر لیا تھا۔"

عشقِ بلقیس

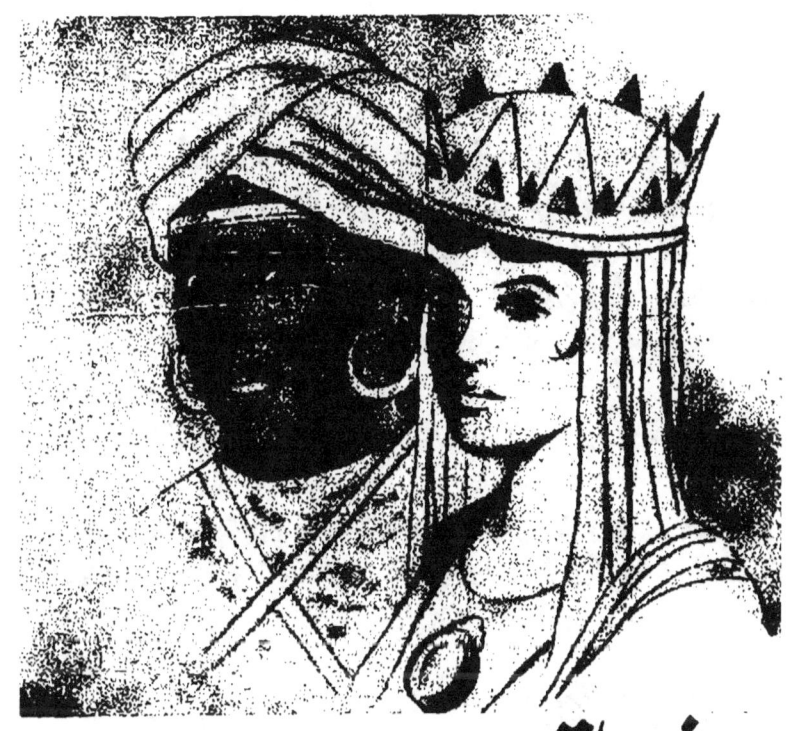

سامنے پہاڑ کی چوٹی پر مارب کا قلعہ صاف نظر آ رہا تھا۔ پہاڑ کے آس پاس گنجان آبادی کے محلے تھے۔ حبشہ کا شہزادہ اکثوم اپنی عمر کے اٹھارھویں سال میں داخل ہو چکا تھا۔ اس کا قیمتی مشکی گھوڑا شاہانہ ذمار اور دبدبے کے ساتھ مارب کے قلعہ کی طرف بڑھ رہا تھا۔ نوعمر شہزادے کے دائیں جانب اس کا اتالیق اور فلسفی عریب اور بائیں طرف شوخ اور چرب زبان سدی تھا۔ یہ دونوں بھی گھوڑوں پر سوار اپنی دلچسپ اور دانشمندانہ باتوں سے شہزادے کا دل بہلا رہے تھے۔ ان تینوں کے جلو میں ان کا لشکر تھا۔ لشکر کے پیچھے مختلف مسالوں اور خوشبویات سے لدے پھندے خچر اور اونٹ تھے۔ شہزادے کا رنگ سیاہ، بال گھنگریالے اور اعضا مضبوط تھے۔ دھوپ کی تمازت سے چہرے پر پسینے کے قطرات چمک رہے تھے۔

شہزادے نے مارب پہاڑ کی چوٹی پر دمکتے ہوئے قلعے کی طرف نظریں جماتے ہوئے انگلی سے اشارہ کرتے ہوئے دریافت کیا۔ "کیوں عریب! خدا تمہیں حبشہ کی لطیف ہواؤں سے دوبارہ لطف اندوز کرے۔ ذرا بتلانا تو یہ پہاڑ پر کیا چیز دمک رہی ہے؟"

عریب نے اپنی چگی داڑھی پر ہاتھ پھیرتے ہوئے جواب دیا۔ "شہزادے! یہ بلقیس کا قلعہ ہے۔ سبا کی ملکہ اسی قلعہ میں رہتی ہے۔"

شہزادے کے چہرے پر تازگی پیدا ہو گئی۔ عریب نے اسے محسوس کر لیا۔ کہنے لگا۔ "جب میں حبشہ سے شہزادے کے ساتھ چلا تھا تو شہزادے کے بزرگوں نے مجھے یہ اچھی طرح ذہن نشین کرا دیا تھا۔ کہ شہزادہ نوجوانی کی حدود میں داخل ہو چکا ہے اور سبا کی ملکہ بلقیس نہ صرف غیر معمولی ذہین اور حسین ہے بلکہ اسے شکار کا بھی بہت شوق ہے۔"

اب چرب زبان سدی بھی چپ نہ رہ سکا۔ چھینکتا ہوا بولا۔ "میں نے تو یہ بھی سن رکھا ہے کہ ملکہ کا حافظہ بہت کمزور ہے۔ اور وہ اپنے دوستوں کو بہت جلد بھول جاتی ہے۔"

شہزادہ خوب سمجھ رہا تھا کہ ان دونوں کی باتوں کا مطلب کیا ہے؛ کچھ بھی ہو اسے کسی بات کی بھی پروا نہ تھی۔ وہ ملکۂ سبا سے ملنے کے لئے بے چین تھا۔ آنکھیں کھلی ہوئی تھیں۔ لیکن دیکھنے سے قاصر تھیں۔ کیونکہ تصور کی آنکھیں ملکۂ سبا کو دیکھ رہی تھیں، کان کھلے تھے لیکن ان میں ملکۂ سبا کی شیریں اور لطیف آواز گونج رہی تھی۔ دل دھڑک رہا تھا اور اس دھڑکن میں ملکۂ سبا کے لئے اشتیاق اور آرزو موجود تھی۔

آس پاس خوشبودار درختوں کے باغات تھے اور طرح طرح کی خوشبو کے جھونکوں نے ان کے دماغوں کو معطر کر دیا تھا۔ انہی باغات میں جب ایک جگہ انہیں ایک میدان نظر آیا تو عریب نے اپنے گھوڑے کی لگام کھینچ لی اور کھڑا ہو گیا۔ "شہزادے!" وہ کہنے لگا۔ "اب ہمیں یہیں پڑاؤ ڈالنا چاہئے۔ ملکہ کو ہمارے

استقبال کے لئے آنا چاہیئے۔"

شہزادہ کا دل ملکہ کو تکلیف پذیرائی نہیں دینا چاہتا تھا۔ اس نے پوچھا، "کیا ملکہ کو ہماری آمد کی اطلاع مل چکی ہے؟"

"ہاں!" عریب نے جواب دیا۔ "میں نے سات گھڑ سوار رات ہی روانہ کر دیئے تھے۔ انہوں نے ملکہ کو شہزادے کی آمد کی اطلاع ضرور دے دی ہوگی۔"

شہزادے کے رُکتے ہی لشکر رک گیا اور اسی میدان میں خیمہ زن ہو گیا۔ دوپہر سے رات ہو گئی لیکن ملکہ سبا ان کی پذیرائی کے لئے مارب کی چوٹی کے قلعہ سے نمودار نہ ہوئی۔

صبح چڑیوں کی چہکار اور ناقوسوں کے شور نے فضا کی خاموشی کو ختم کر دیا اور شمسی ہیکلوں میں آفتاب کی عبادت شروع ہو گئی۔ شہزادہ اکثوم کی نظریں ملکہ سبا کے پہاڑی محل پر جمی ہوئی تھیں۔ اس نے پہاڑی پُر پیچ راستوں سے آدمیوں کے ہجوم کو قطاروں میں اُترتے ہوئے دیکھا۔ یہ لوگ گھوڑوں پر سوار تھے۔ جو کبھی چٹانوں کی اوٹ میں ہو جاتے اور کبھی نمودار ہو جاتے۔ ان میں ایسے گھوڑے بھی تھے جن پر کوئی سوار نہ تھا۔ جب یہ لوگ پہاڑی کے نیچے کھلے میدان میں آگئے تو معلوم ہوا کہ یہ ایک لشکر ہے۔ شہزادے کے اتالیق عریب نے پیشن گوئی کی۔ "یہ ضرور ملکہ کی استقبالی فوج ہے جو شہزادے کی پیشوائی کو نکلی ہے۔"

شہزادے نے اشتیاق سے سوال کیا۔ "کیا ان میں بلقیس خود بھی موجود ہوگی؟"

عریب نے جواب دیا۔ "اس کا بظاہر کوئی امکان نہیں ہے۔ کیونکہ میں نے سُن رکھا ہے کہ بلقیس اپنے محل سے باہر نہیں نکلتی اور محل سے باہر نکلنا سبا کے رسم و رواج کے خلاف ہے۔"

کچھ دیر بعد شہزادے کے ساتوں گھڑ سوار واپس آگئے اور انہوں نے مطلع کیا کہ ملکہ کا وزیر عمائدین مملکت اور معززین شہر کے ساتھ بے شمار تحفے تحائف لئے شہزادے کے استقبال کو آرہا ہے!

وزیر جب اکثوم کے لشکر کے قریب پہنچا تو احتراماً گھوڑے سے نیچے اُتر آیا اور پاپیادہ شہزادے کے استقبال کو آگے بڑھا۔ شہزادے نے اپنے خیمے کے دروازے پر بوڑھے وزیر کو خوش آمدید کہا اور اسے لئے ہوئے اندر چلا گیا۔ شہزادے کے آس پاس عریب اور سدی تھے اور ان کے بعد وہ لوگ تھے جو شہزادے کے مقرب بارگاہ تھے۔ سبا کے بوڑھے وزیر کو شہزادے کے سامنے مکلف فرش پر جگہ دی گئی۔ جہاں اس نے شہزادے کو ملکہ کا سلام اور اس کی آمد پر ہدیۂ تشکر پیش کیا اور سب سے آخر میں تحائف کی فہرست پیش کی۔ اور زبانی عرض کیا کہ ملکۂ عالم بلقیس اپنے ملک کے رسم و رواج کی وجہ سے آپ کی پیشوائی کو حاضر نہیں ہو سکی لیکن اس کا دل جذبۂ پیشوائی سے معمور ہے اور وہ اپنے محل کے پُرتکلف آراستہ اور خوشبوئیات سے معطر دارالضیافت میں ملنے کے لئے بے چین ہے۔"

شہزادے نے وزیر سے دریافت کیا۔ "تمہاری ملکہ کو ہمارے ملک کی کیا چیز سب سے زیادہ پسند ہے؟"

وزیر نے عرض کیا۔ "یہ ہاتھی دانت کا سامان اور اگر اس سامان میں ہاتھی دانت کا تخت بھی ہو تو اُسے ملکۂ عالیہ بے حد پسند فرمائیں گی۔"

شہزادہ چپ ہو گیا اور دل میں یہ طے کر لیا کہ تحائف میں سے ہاتھی دانت کی بہترین چیزیں اور ہاتھی دانت کا تخت ملکہ کی خدمت میں خود پیش کرے گا۔

شہزادہ بڑی دیر تک بوڑھے وزیر سے اس کی ملکہ کی طبیعت، مذاق، پسند اور ناپسند، ذہانت اور معلومات کے بارے میں سوالات کرتا رہا۔ اسے یہ جان کر بڑی خوشی ہوئی کہ ملکہ صحت اور تندرستی بہت پسند کرتی ہے۔ لیکن یہ معلوم کر کے افسوس ہوا کہ ملکہ کو حسین چیزیں بہت پسند ہیں۔ اس موقع پر اس کو حسن و رعنائی کی دیوی عشتار پر بہت غصہ آیا جس نے اس کو اس کی قوم کو حسن اور رنگ سے محروم رکھا تھا۔ اس وزیر کے ذریعے شہزادے کو یہ بھی معلوم ہوا کہ ملکہ محل کی حدود سے نکل کر آزادانہ گھوم پھر بھی نہیں سکتی۔ اس کو ملکہ کی روایتی قید پر افسوس ہوا۔ اور اس نے یہ طے کر لیا کہ جب وہ ملکہ سے ملے گا اور رسمی تعلقات بے تکلفی کی حدود میں داخل ہو جائیں گے تو ایک دن کسی بھی طرح ملکہ کو محل کی حدود سے باہر ضرور لے جائے گا۔

دوپہر گزر جانے کے بعد شہزادے کے لشکر نے کوچ کیا اور مارب کے شاہی محل کی طرف روانہ ہو گیا۔ جب یہ لوگ محل کے دروازے پر پہنچے تو انہیں یہاں اور لوگ بھی پذیرائی کے لئے کھڑے نظر آئے۔ شہزادے کے ساتھیوں کو محل کے چوگرد ابیرکوں میں اور شہزادے کو شاہی دارالضیافت میں ٹھہرایا گیا۔ دارالضیافت کے بغلی کمرے میں عریب اور سدّی کو جگہ دی گئی۔ رات کو شہزادے کی دلبستگی کے لئے گانے والیوں کا ایک پرا بھیجا گیا لیکن شہزادے نے انہیں واپس کر دیا۔ وہ صرف ملکہ سبا سے ملنے کا خواہشمند تھا اور گانے والیوں کو واپس کر دینے میں یہ مصلحت بھی کارفرما تھی کہ جب ملکہ بلقیس یہ سنے گی کہ شہزادے کو عام عورتوں سے کوئی دلچسپی نہیں تو اپنی طرف والہانہ رجحان محسوس کر کے بہت خوش ہو گی۔

وہ دن اور رات بھی شہزادے کو ملکہ سے نہ ملا سکے۔ ملکہ نے اپنے بوڑھے وزیر کے ذریعے شہزادے کو مطلع کیا تھا کہ ملکہ آنے والی صبح کو آفتاب کی پرستش سے فارغ ہونے کے بعد اسے شرف ملاقات بخشے گی۔

اسی رات کو فلسفی عریب نے دارالضیافت کے اُوپر خلا میں دیکھا ایک روشن ستارہ اپنے گرد و پیش کی فضا کو روشن کرتا ہوا خاصا نیچے تک آیا اور پھر شمال مغرب میں مڑ کر بجھ گیا۔ بوڑھے فلسفی نے کاہنوں کی طرح پیشگوئی

کیونکہ شہزادہ معاملاتِ قلب کا شکار ہوگا اور اس میں اسے ناکامی سے دوچار ہونا پڑے گا"۔ لیکن سندی نے اس سے اختلاف کیا۔ اس نے کہا۔ "ستارے تو ہر روز ہی ٹوٹتے ہیں۔ یہ دراصل خبیث ارواح ہیں۔ جو آسمانی حدود میں داخل ہو کر آسمان کے سب سے بڑے دیوتا سے ملنا چاہتی ہیں۔ لیکن دیوتا کے نوکر چاکر ان کو راستے ہی میں جنگ کر کے پسپا کر دیتے ہیں"۔

بوڑھے عریب کو سندی کی باتیں احمقانہ محسوس ہوئیں۔

وہ رات شہزادے نے اپنے مصاحبوں سے بات چیت میں گزار دی۔ عریب ملکہ سے گفتگو میں پیش آنے والے متوقع موضوعات پر شہزادے کو اپنے لائحہ عمل سے مطلع کرتا رہا۔ شہزادہ بس ہوں ہاں کرتا اور اسے کچھ بھی پتا نہ تھا کہ بوڑھا عریب اتنی دیر سے کیا بکواس کر رہا ہے۔

دوسرے دن صبح آفتاب کی پرستش سے فارغ ہونے کے بعد ملکہ حسب وعدہ شہزادے سے ملنے پہنچ گئی۔ ملکہ کی خواصیں ساتھ تھیں۔ لیکن تھوڑی دیر بعد انہیں رخصت کر دیا گیا۔ شہزادے نے ملکہ سبا کو دیکھا تو دیکھتا ہی رہ گیا۔ یہ تو اس سے کہیں زیادہ حسین تھی۔ جتنا چرچا تھا۔ ملکہ بلقیس نے اپنے سیاہ اور لمبے بالوں کو رومال کے اندر چھپا رکھا تھا۔ جب وہ ہنستی تو اس کے چاندی جیسے دانت شہزادے کے قلب پر بجلی گراتے اور اس کے رخساروں میں گڑھا پڑ جاتا۔ اس کی ٹھوڑی کا چاہِ ذقن شہزادے کے عشق کی آگ کو اور زیادہ بھڑکا دیتا۔

بلقیس نے مسکراتے ہوئے دریافت کیا۔ "مبارک ہو کہ سبا کی سرزمین پر پیغام خیر سگالی کے ساتھ نازل ہوا۔ میری مملکت میں تمہیں کسی قسم کی تکلیف تو نہیں اٹھانی پڑی؟"

شہزادہ تو اس کے سراپا میں ڈوبا ہوا تھا۔ پوری بات نہ سُن سکا۔ فرطِ جذبات میں جواب دیا۔ "حسن و جمال کی دیوی عشتار تجھ سے زیادہ حسین نہیں ہو سکتی اور پھر کہیں ایسا تو نہیں ہے کہ عشتار بذاتِ خود تجھ میں حلول کر گئی ہو!"

ملکہ شہزادے کی بے خودی اور والہانہ انداز پر دل ہی دل میں مسکرائی اور اس کا چہرہ کھِل اُٹھا۔ "سنتی ہوں کہ عشتار حبشہ سے بہت ناراض ہے اور ادھر نظر ڈالنا بھی گوارا نہیں کرتی"۔

شہزادہ تلملا گیا۔ "تو صحیح کہتی ہے"۔ وہ افسردگی سے کہنے لگا۔ "لیکن ہمیں صحت و توانائی ضرور عطا کی گئی ہے۔ داناؤں کا قول ہے کہ صحت و توانائی سب سے بڑی نعمت ہیں۔

وہ دونوں دیر تک اسی قسم کی باتوں میں الجھے رہے۔ ملکہ نے اس سے کئی پہیلیاں بجھائیں۔ جن میں چند کے اس نے صحیح جوابات دیئے بقیہ کے نہ بوجھ سکنے کا اس کو بڑا ملال ہوا۔ اس کے بعد ملکہ حبش کی

آب و ہوا، وہاں کے لوگوں کے عادات و اطوار، فصلوں اور موسموں کا حال پوچھتی رہی۔ اور شہزادے نے ان سب کے ایسے جوابات دیے جن سے ملکہ کے دل میں بے انتہا اشتیاق پیدا کرنا مقصود تھا۔ ملکہ نے بھی شہزادے کی باتیں کچھ اس طرح اپنی لمبی لمبی پلکیں جھپکا جھپکا کر اور مسکرا مسکرا کر سنیں کہ شہزادے کے دل کا آخری فیصلہ ہو گیا۔

رات کو جب بوڑھے اتالیق نے ملکہ کی تفصیلات جاننا چاہیں تو اس کے پاس ایک ہی جواب تھا۔ "ملکہ بہت حسین ہے۔ عشتار سے زیادہ حسین بلکہ بہت ذہین ہے۔ اتنی ذہین کہ روئے زمین پر اس سے زیادہ ذہانت کا تصور بھی نہیں کیا جا سکتا۔"

بوڑھے اتالیق نے شہزادے کی باتوں سے ایک ہی نتیجہ نکالا۔ "شہزادہ ملکہ کے حسن و جمال اور ذہانت کا شکار ہو چکا ہے۔"

اس نے شہزادے کو اشاروں کی زبان سے سمجھایا۔ "شہزادے! دنیا بڑی ناقابل اعتبار شے ہے۔ اور حسن و جمال اس سے بھی زیادہ ناقابل اعتبار ہوتا ہے لیکن ایک تیسری چیز بھی ہے جو ان دونوں سے زیادہ ناقابل اعتبار رہتی ہے۔"

شہزادے نے کراہت سے دریافت کیا۔ "وہ کیا؟"

بوڑھے نے فوراً جواب دیا۔ "عورت۔ داناؤں نے اس کے مزاج اور طبیعت کو مرغ بادنما سے تشبیہہ دی ہے۔"

شہزادے کو غصہ آ گیا جوش میں بولا۔ "عمر کے ساتھ لوگوں کے جذبات بھی سرد پڑ جاتے ہیں۔ اور پیری میں دل بھی مایوسی کا شکار ہو جاتا ہے۔"

موقع شناس سندی نے شہزادے کی ایما کے پیش نظر عرض کیا۔ "یہاں یہ بھی تو دیکھا گیا ہے کہ ہم ہمیشہ اس چیز کی خواہش کرتے ہیں جو ہمیں میسر نہیں ہوتی۔ دن کا دامن رات سے وابستہ ہوتا ہے۔ اور سرخ و سپید چہرے اور آنکھ کے سفید ڈھیلے پر سیاہ پتلیاں ہی بھلی لگتی ہیں۔"

شہزادے کے چہرے پر بشاشت دوڑ گئی۔ لیکن بوڑھا اتالیق ذرا بھی مرعوب نہ ہوا۔ اس نے کہا۔ "لیکن میں مجبور ہوں کہ خوش فہمی سے قطع نظر حقائق بیان کروں۔"

اور بالآخر یہ کہہ کر گفتگو ختم کر دی کہ "ملکہ سے گفتگو کے دوران یہ ضرور طے کر لینا کہ دونوں ملکوں کے درمیان تجارتی سہولتیں بہم پہنچائی جائیں۔ محصول کم کیے جائیں۔ اور حبشہ سے مفرور باغیوں کو ملکہ واپس کر دیا کرے اور حبشہ کی حکومت سبا کے باغیوں کو واپس کر دے گی۔"

لیکن شہزادے کی نظر میں یہ ساری باتیں فضول تھیں۔ ملکہ سے ایسی باتیں کرنا اس کے حسن و جمال کی ہتک تھی۔

سات دن گزر گئے اور وہ دونوں ایک دوسرے کو خوب اچھی طرح سمجھ گئے۔ شہزادے نے ایسا محسوس کیا جیسے ملکہ اس پر بُری طرح مفتون ہو چکی ہے۔ بوڑھا اتالیق تقریباً روزانہ ہی شہزادے کو دُنیا، حسن، عورت اور جوانی جیسی ناقابلِ اعتبار چیزوں کی ناپائیداری کا درس دیتا رہتا لیکن شوخ اور موقع پرست ستری ایسی ہی باتیں کرتا جو شہزادے کو پسند اور مرغوب ہوتیں۔

ایک دن ملکہ نے شہزادے سے کہا۔ "اکثرم! اس محل کی چہار دیواری میں میرا دم گھٹنے لگا ہے۔ آؤ رات کو ہم دونوں معمولی آدمیوں کا بھیس بدل کر چور دروازے سے نکل چلیں اور خوب آزادانہ مارب کی گلی کوچوں اور بازاروں کی سیر کریں۔"

شہزادہ فوراً تیار ہو گیا۔ اس نے کہا۔ "تو نے میرے دل کی بات کہہ دی ہے۔ جب میں تجھ سے ملا بھی نہ تھا تو یہ سنا تھا کہ تو اپنے ملک اور قوم کے رسم و رواج کے ماتحت محل کی حدود میں رہنے پر مجبور ہے۔ تو میں نے یہ ارادہ کر لیا تھا کہ جب میں تجھ سے قریب ہو جاؤں گا اور باہمی تعلقات بے تکلفی اور یگانگت کی حدود میں داخل ہو جائیں گے تو میں تجھے کسی بھی طرح اس محل کی چہار دیواری سے نکال کر کھلی فضا میں لے جاؤں گا۔ اور خوب جی بھر کے لطف اندوز ہونے کا موقع فراہم کرونگا۔" اس رات ان دونوں نے معمولی آدمیوں کے لباس پہنے اور محل کے چور دروازے سے نکل کر بازار کی راہ لی۔

چاندنی رات اور کھلی فضا نے ملکہ کو بے قابو کر دیا۔ وہ پاگلوں کی طرح اِدھر اُدھر بھاگنے دوڑنے لگی۔ وہ مکانوں کی کنڈیاں کھٹکھٹا کر چھپ جاتی اور جب کوئی مکان سے باہر نکل کر حیران و پریشان ہو کر اِدھر اُدھر دیکھتا تو کھلکھلا کر ہنسنے لگتی اور دیکھنے والا اس کو پاگل تصور کرتا۔ شہزادہ بھی اس جیسی پاگلوں کی سی حرکتیں کرنے پر مجبور ہو جاتا۔ جب ان حرکتوں سے دل اُکتا گیا تو وہ دونوں ایک شراب خانے کی طرف چل پڑے۔ وہ فقیروں اور پاگلوں کے سے انداز میں شراب خانے میں داخل ہو گئے۔ ہوشیاروں نے چہ میگوئیاں شروع کر دیں۔ "بھکاری معلوم ہوتے ہیں لیکن بھکارن بہت حسین ہے۔"

ایک نے آہ کھینچ لی۔ منہ میں پانی بھر آیا۔ "یہ تو کسی ملک کی ملکہ بننے کے لائق ہے اگر یہ مجھے مل جائے تو میں دُنیا کی بڑی سے بڑی قربانی دے سکتا ہوں۔"

دوسرے نے رائے دی۔ "اس کی حصولیابی کے لئے کسی قربانی کی ضرورت نہیں طاقت کی ضرورت ہے۔ اس دیوزاد حبشی کو مار دو اور عورت پر قبضہ کر لو۔"

بدمستوں کے نشے ہرن ہو گئے۔ پینے والوں کے جام جہاں تک پہنچے تھے وہیں رُک گئے۔

ملکہ نے شہزادے کے کان میں کہا۔ ”ہمیں یہاں سے فوراً بھاگ نکلنا چاہیئے۔ ورنہ یہ شرابی تجھ پر حملہ کر کے مجھ پر قبضہ کر لیں گے۔“

لیکن شہزادے پر طاقت کا جنون طاری تھا دوسرے وہ اس نازک موقع پر یہ بات بھی ثابت کر دینا چاہتا تھا کہ طاقت اور مار دھاڑ میں اس کا کوئی ثانی نہیں۔ وہ اکیلا سو پچاس پر بھاری ہے۔ اس نے جنگلی بھینسے کی طرح سینہ تان کر جواب دیا۔ ”تو فکر نہ کر، میں ان سب کے لئے اکیلا کافی ہوں۔“

ملکہ نے سرگوشی میں کہا۔ ”پاگل مت بنو۔ ہم چھپ کر باہر نکلے ہیں۔ یہ راز افشا نہیں ہونا چاہیئے۔“

ایک بدمست نے آوازہ کسا۔ ”ذرا اس بدمذاق خوبرو بھکارن کو تو دیکھنا اپنے بھینس جیسے عاشق سے کیسی چہلیں کر رہی ہے۔“

شہزادے نے اطمینان سے کئی پیالے حلق سے نیچے اُتارے اور ملکہ کو بھی پلائی۔ ملکہ نے شراب کی قیمت چکائی اور دونوں شراب خانے سے باہر نکل آئے۔ ہوا نے اپنا اثر کیا اور دونوں لڑکھڑاتے ڈگمگاتے ایک سبزہ زار کی طرف بڑھے۔ عشق کا زہر شہزادے کی رگ وپے میں سرایت کر چکا تھا اور ہوس کا دیو بیدار ہو رہا تھا۔ اس نے نشے میں بدمست ملکہ کو سبزہ زار پر گرا دیا اور خود بھی اس کے برابر ہی لیٹ گیا۔ لیکن اسی لمحے دونوں شرابی ان کے سر پر پہنچ چکے تھے۔ انہوں نے شہزادے کے سر پر ڈنڈے برسانے شروع کر دیئے۔ شہزادہ غصے میں اُٹھ کر ان دونوں پر جھپٹا اور ایک سے ڈنڈا چھین کر ذرا سی دیر میں دونوں کو مار گرایا۔ ملکہ بہت گھبرائی ہوئی تھی اس نے زخمی شہزادے کو کھینچتے ہوئے کہا۔ ”یہاں سے فوراً بھاگ چلو۔ ابھی اسی وقت، اسی لمحے بھاگ چلو۔“

شہزادے نے ملکہ کے حکم کی تعمیل کی اور نشے اور زخموں سے چور لڑکھڑاتا ڈگمگاتا محل کی طرف چل پڑا۔

ابھی محل تک وہ پہنچے بھی نہ تھے کہ شہزادے کو چکر آ گیا۔ اس کے سر سے خون جاری تھا۔

جب شہزادے کو ہوش آیا تو اس نے دھندلی دھندلی سی روشنی میں بوڑھے عریب اور شوخ اور موقع پرست سدی کو مغموم اور اُداس بیٹھے دیکھا اور محل کا شاہی جراح اس کے زخموں پر دواؤں میں تر رُوئی کے پھائے رکھ رہا تھا۔ آہستہ آہستہ اس کے تصور کی سطح پر زخموں سے پہلے کا ماضی اُبھرا اور اسے ایک ایک بات یاد آنے لگی۔ یہاں تک کہ جب اس کو یہ یاد آیا کہ ملکہ اور وہ، دونوں ایک ساتھ محل کی طرف واپس ہوئے تھے۔ لیکن محل تک پہنچنے سے پہلے ہی وہ بیہوش ہو کر گر پڑا تھا۔ وہ تنہا رہ جانے والی ملکہ کی خیریت معلوم کرنے کے لئے بے چین ہو گیا۔ اس نے تینوں سے سوال کیا۔ ”ملکہ کہاں ہے؟“

شاہی جراح نے جواب دیا۔ "وہ محل میں ہے اور اسی نے مجھ کو تمہارے معالجے پر متعین کیا ہے۔"
زخموں سے ٹیس اٹھی۔ شدت کرب سے اس نے آنکھیں بند کرلیں اور بڑبڑایا۔ "دیوتا اسے اپنی امان میں رکھیں۔ کیا وہ خیریت سے ہے؟ محل میں اس سے کوئی باز پرس تو نہیں کی گئی؟"

شاہی جراح نے تنبیہہ کی۔ "شہزادے! کچھ دنوں کے لئے تمہیں خاموش رہنا چاہیئے۔ تمہارے جسم سے خون بہت نکل چکا ہے۔"

بوڑھا اتالیق شہزادے کے قریب پہنچا اور شفقت سے سر پہ ہاتھ رکھ دیا۔ "شہزادے! میرے آقا! تمہیں اپنے معالج کی ہدایت پر خاموش رہنا چاہیئے۔ ورنہ میری زبان تم سے تیز چل سکتی ہے اور بیسیوں سوالات ہیں جو ہونٹوں تک آکر رہ گئے ہیں۔"

شہزادے نے آنکھیں کھول دیں۔ "عریب! میرے استاد! ملکہ کو مطلع کردو کہ اکثوم ہوش میں آچکا ہے اور تم سے ملاقات کا خواستگار ہے۔"

"میں اطلاع کردوں گا۔" عریب نے جواب دیا۔ "لیکن میرا خیال ہے کہ سردست ملکہ آنے کی نہیں۔"

"کیوں؟" شہزادہ پوری قوت سے پاگلوں کی طرح چیخا۔ "کیوں نہیں آئے گی۔ یہ تم نے کس طرح سمجھ لیا؟ وہ مجھ سے فوراً ملے گی۔"

اس نے دفور جوش میں سر کو جھٹکا تمہ دیا تو زخموں کے منہ پھر کھل گئے۔ اور ان سے خون جاری ہوگیا۔ اور وہ رفتہ رفتہ ڈوبتا چلا گیا۔ جب وہ بے ہوش ہوگیا تو بوڑھے اتالیق نے شاہی جراح کے کرتے کا دامن پکڑ لیا اور گڑگڑایا۔ "اے سبا کے شاہی جراح! تو اسے اچھا کردے اس کے صلے میں تو جو مانگے گا میں دوں گا۔ میں اس کے بزرگوں کو کیا جواب دُوں گا؟"

شاہی جراح نے افسوس سے کہا۔ "اس پہ ہذیانی کیفیت طاری ہے ورنہ زخم ایک ہفتے میں مندمل ہوجائیں گے۔"

اس طرح شہزادہ دو دن اور دو رات مدہوشی اور نیم مدہوشی کی کیفیت کا شکار رہا۔ اور ملکہ اس کو ایک بار بھی دیکھنے نہ آئی۔

آفتاب ابھی غروب بھی نہ ہوا تھا کہ شمسی ہیکلوں سے ناقوسوں کا شور بلند ہوا۔ سبا کی قوم غروب ہونے والے آفتاب کے الوداعی سجدے میں گرگئی۔ محل کے خدمتگاروں نے شہزادے کے کمرے میں فانوس روشن کردیئے۔ اکثوم چپ چاپ ناقوسوں کی آوازوں میں گم روشن کئے جلنے والے ایک فانوس کو ٹکٹکی لگائے دیکھ رہا تھا لیکن اس کے حافظے کی سطح پہ وہ صبح تھی۔ جب انہی ناقوسوں کے شور میں اس نے ملکہ کے استقبالی شادیانے سُنے تھے

سے ملاقات کی تھی۔ بوڑھا عریب اور شوخ ستری مجبور اور مظلوم شہزادے پر نظریں جمائے اس کے پیچیدہ اور ناقابل فہم مستقبل کی بابت غور کر رہے تھے۔

جب فانوسوں کو روشن کرنے والا چلا گیا تو شہزادے کو اچانک اپنے محبوں اور ہمدردوں کی موجودگی کا احساس ہوا۔ اس نے ہاتھ کے اشارے سے دونوں کو اپنے قریب بلایا اور عریب سے دریافت کیا۔" میرے شفیق استاد! مجھے یقین ہے کہ جس طرح تمہاری ماں ایک تھی اسی طرح باپ بھی ایک ہی تھا۔ ذرا بتلاؤ تو آج مجھے صاحب فراش ہوئے کتنے دن گزر چکے ہیں؟"

بوڑھے اتالیق نے زیر لب کچھ حساب لگایا اور جواب دیا۔" پورے سات دن اور سات راتیں گزر چکی ہیں۔"

شہزادے نے ڈرتے ڈرتے دوسرا سوال کیا۔" کیا ملکہ بلقیس مجھے دیکھنے آئی تھی؟"

بوڑھے عریب نے گول مول جواب دیا۔" ملکہ کا جراح کہتا ہے کہ شہزادے کو ابھی دو دن اور خاموش رہنا چاہیئے۔"

شہزادے نے بوڑھے دانا کو بے بس کر دیا۔ کہنے لگا۔" اچھا میں خاموش ہوا جاتا ہوں۔ لیکن تمہیں تو بولنے کی پوری آزادی حاصل ہے۔ ذرا ملکہ کی بابت وہ سب کچھ تو بتانا جس کا تمہیں علم ہے۔ میں اپنی زبان کو بند اور کانوں کو کھلا رکھتا ہوں۔"

عریب نے جواب دیا۔" ملکہ کی ہدایت پر دن رات میں کئی بار شاہی جراح شہزادے کو دیکھنے آتا ہے۔ لیکن خود ملکہ ایک بار بھی نہیں آئی ہو سکتا ہے شاہی جراح نے سردست اس کو یہاں آنے سے روک دیا ہو۔"

" یہ بات نہیں ہے!" شہزادہ جوش میں چیخا اور اٹھ کر بیٹھ گیا۔" کوئی ایسی بات ضرور ہے جس کو تم مجھ سے چھپانا چاہتے ہو لیکن مجھے بھی قسم ہے اس دیوتا کی جس نے سطح زمین پر گول آسمان کی چھت قائم کر رکھی ہے کہ میں یہ راز معلوم کر کے رہوں گا۔"

اس کے بعد شہزادہ جوش میں اٹھ کر کھڑا ہوا تو چکر آگیا۔ آنکھوں کے نیچے اندھیرا چھا گیا۔ پیروں میں لرزش ہوئی اور وہ اپنے تئیں سنبھال نہ سکا۔ چکرا کر چت فرش پر گر گیا۔ زخم ایک بار پھر پھٹ گئے اور ان سے خون جاری ہو گیا۔ عریب اور ستری نے بے ہوش شہزادے کو سنبھال کر اس کے بستر پر ڈال دیا۔ اور فوراً ملکہ کے جراح کے پاس آدمی روانہ کر دیا۔

کئی دنوں کے بعد جب شہزادے کی حالت ذرا سنبھلی تو ڈرتے ڈرتے عریب نے ملکہ سبا کا وہ نوشتہ پیش کر دیا جو ایک دن پہلے اس کے پاس آیا تھا۔ اس میں ملکہ کے خارجی امور کے وزیر نے ملکہ کی طرف سے لکھا تھا:-

ملکہ عالیہ مملکت سبا ان دنوں طلسم و جدلیس کے شہزادوں کی میزبانی کے فرائض انجام دینے پر مجبور ہیں اور ان سے بعض اہم تجارتی امور پر معاہدے کرنا ہیں اس لئے وہ زخمی اور ہذیانی کیفیت کے شکار حبشی شہزادے کی خدمت میں آنے سے معذور ہیں۔ ملکہ عالیہ شہزادے کو یہ مشورہ دینے پر مجبور ہیں کہ شہزادے کو اپنے ملک واپس چلا جانا چاہیئے۔ کیونکہ وطن کی فرحت بخش ہوائیں زخموں کے لئے مرہم اور ہذیان کے لئے معالجے کا کام کریں گی۔"

شہزادے نے یہ نوشتہ بوڑھے عریب سے پڑھوایا۔ سن چکنے کے بعد اس کی آنکھوں سے آنسو جاری ہوگئے۔ اس نے آنکھیں بند کرلیں اور بھرائی آواز میں عریب سے پوچھا۔" میرے شفیق، سچے اور تجربہ کار بزرگ! مجھے یاد پڑتا ہے کہ تم نے مجھ سے بعض ناقابل اعتبار چیزوں کا ذکر کیا تھا۔ ذرا ایک بار پھر تو ان کا ذکر کرنا۔"

بوڑھے عریب کا دل لرز گیا۔ اس نے کہا۔" شہزادے! چونکہ دنیا بذات خود ناقابل اعتبار اور ناپائیدار ہے۔ اس لئے ثابت ہوا کہ اس دنیا کی ہر شے ناقابل اعتبار اور ناپائیدار ہے۔"

"نہیں ایسا نہ کہو،" شہزادہ دھیمے لہجے میں بولا۔" اس دنیا کی ہر شے قابل اعتبار اور پائیدار ہے بجز ملکہ سبا کے، اور ہاں ذرا دیکھنا تو اس نوشتے کے آخر میں دستخط کس کے ہیں؟"

بوڑھے عریب نے دستخط پڑھ کر جواب دیا۔" وزیر امور خارجہ کے۔"

شہزادے نے بے چینی سے سوال کیا۔" ملکہ کے دستخط نہیں ہیں کیا؟"

"نہیں!" بوڑھے نے جواب دیا۔" اس سے کیا فرق پڑتا ہے۔ وزیر امور خارجہ اتنا اہم نوشتہ اپنی مرضی سے تو لکھ نہیں سکتا۔"

شہزادے کے چہرے پر رونق آگئی۔ اس نے امید کا دامن ایک بار پھر پکڑ لیا۔" وزیر امور خارجہ سے ایسی تحریر ضرور کسی ایسے شخص نے لکھوادی ہے جو ملکہ سبا اور میرے عشق و محبت سے حسد رکھتا ہے۔ میں ملکہ سے ایک بار ملوں گا۔ اور اس کے اس نوشتے کی بابت دریافت کروں گا۔"

بوڑھے عریب نے ملکہ کی بابت اپنی دلی نفرت کو دباتے ہوئے کہا۔" بہرحال ہمیں واپسی کی تیاریاں ضرور کرنی چاہئیں۔ میں کوشش کرتا ہوں کہ شہزادے کی ملکہ سے ایک ملاقات اور ہو جائے۔"

لیکن موقع پرست سندی نے عریب کو ایسا کرنے سے منع کیا۔ اس نے تشویشناک لہجے میں کہا۔" بہتری اسی میں ہے کہ اب شہزادے کو ملکہ سے ہرگز نہ ملنے دیا جائے۔"

شاہی جراح اور طلسم اور جدلیس کے شہزادوں کی موجودگی میں حبشہ کے شہزادے نے ملکہ سے

ملاقات کی۔ دونوں شہزادوں کے حسن و جمال کے مقابلے میں اکثوم حقیر نظر آرہا تھا۔ جب اس نے ان دونوں کے حسن و جمال سے اپنا موازنہ کیا تو اس کی ہمت جواب دے گئی۔ اس کو ایک بار پھر عشار پر غصہ آیا جس نے اس کو اور اس کی قوم کو حسن و جمال سے یکسر محروم رکھا تھا۔

پھر بھی اس نے ملکہ سے دریافت کیا۔ "پھولوں سے زیادہ نرم و نازک اور عشار سے زیادہ حسین ملکہ! میرے نام نوشتہ کیا تیرے وزیر امور خارجہ نے تیری لاعلمی میں بھیجا ہے؟"

ملکہ نے شاہی جراح کی طرف دیکھا۔ جراح نے جواب دیا۔ "ملکہ کی ایماء کے بغیر کوئی فرمان کس طرح جاری کیا جا سکتا ہے؟"

"ارے او خبیث جراح!" شہزادہ گرجا۔ "تو چپ رہ۔ میں ملکہ سے بات کر رہا ہوں اور اس سے اپنے سوالات کے جوابات چاہتا ہوں۔"

ملکہ نے ترش روئی سے تیوریوں پر بل ڈالے اور کہنے لگی۔ "میری موجودگی میں جو بھی بولے گا اس کو ہماری طرف سے بولنے کی اجازت حاصل ہوگی۔"

شہزادے نے التجا کی۔ "لیکن میں ملکہ کی موجودگی میں کسی اور سے بات نہیں کرنا چاہتا۔"

ملکہ نے اس کا کوئی جواب نہ دیا۔

پھر شہزادے نے نہایت درد انگیز پیرائے میں وہ گفتگو اور واقعات یاد دلائے جو ان دونوں کے مابین زخمی ہونے سے پہلے پیش آچکے تھے۔ ملکہ نے کوئی جواب نہ دیا۔ تب شہزادے نے کہا۔ "کیا ملکہ کو وہ واقعہ بھی یاد نہیں رہا۔ جب ہم دونوں معمولی آدمیوں کے لباس میں چور دروازے سے نکل کر بابل کے بازار میں پہنچے تھے۔ اور کھلی فضا میں پہنچتے ہی ملکہ پر از خود رفتگی کا دورہ پڑا تھا اور ملکہ پاگلوں کی طرح لوگوں کے دروازے کھٹکھٹاتی پھرتی تھی اور کیا ملکہ کے حافظے میں شراب خانے کا وہ واقعہ بھی محفوظ نہیں رہا۔ جس میں ایک شرابی نے ملکہ کے حسن کی تعریف کرتے ہوئے کہا تھا کہ اگر اس کو یہ بھکارن مل جائے تو وہ زندگی کی بڑی سے بڑی قربانی دینے کو تیار ہے۔ اور کیا ملکہ دوسرے شرابی کے اس جواب کو بھی بھول چکی ہے جس میں اس نے کہا تھا کہ اس کی حصولیابی کے لئے کسی قربانی کی نہیں طاقت کی ضرورت ہے اور پھر بعد میں انہی دونوں نے ایک سبزہ زار میں میری بے خبری میں مجھے شدید زخمی کر دیا تھا؟"

ملکہ نے پہلے تو حیرت سے شہزادے کو دیکھا اس کے بعد اپنے جراح سے کہا۔ "میرا خیال ہے یہ اب بھی ہذیان میں مبتلا ہے۔ تمہیں اس کا علاج جاری رکھنا چاہیئے یا پھر اسے اپنے وطن واپس چلا جانا چاہیئے۔"

شہزادے کا دل ڈوبنے لگا۔ اس نے افسردہ لہجے میں کہا۔ "میں وطن واپس چلا جاؤں گا اور وہاں

تیری باتیں یاد کر کے ہذیان میں مبتلا ہو جاؤں گا لیکن جانے سے پہلے میں چند باتیں ملکہ کے گوش گزار ضرور کرنا چاہتا ہوں۔ میرے بوڑھے اتالیق نے ایک بار مجھ سے کہا تھا کہ دنیا کی تین چیزیں سخت ناقابل اعتبار ہیں۔ دُنیا۔ اس کا حسن و جمال اور عورت، لیکن میں نے غصے میں اس کو یہ جواب دیا تھا کہ عمر کے ساتھ لوگوں کے جذبات بھی سرد پڑ جاتے ہیں۔ لیکن آج سوچتا ہوں کہ بوڑھے اتالیق نے سب کچھ سچ ہی کہا تھا۔ ملکہ! تو بے وفا ہے۔ لیکن میرا دل تجھے بے وفا کہنے پر آمادہ نہیں ہوتا۔ مجھے اپنے حشر کا کوئی افسوس نہیں۔ افسوس تو ان پر ہے۔ جو میرے بعد تیرے شکار ہوں گے۔"

اس کے بعد شہزادے کی گردن جھک گئی۔ ایسا محسوس ہونے لگا جیسے اس پر غشی کا دورہ پڑ گیا ہو لیکن ذرا سی دیر بعد اس نے اپنا سر اٹھایا اور طلسم اور جدلیس کے دونوں شہزادوں کو مخاطب کیا۔ "اے خوش قسمت شہزادو! کہ تمہیں ملکہ کا قرب اور التفات حاصل ہو گیا ہے۔ میرے پاس کچھ باتیں تم سے کہنے کی بھی ہیں۔ جب پہلے پہل مارب میں ملکہ کے محل کو میں نے دیکھا تھا تو میرے ہمدرد اتالیق نے مجھے یہ بھی بتایا تھا۔ کہ ملکہ نہ صرف غیر معمولی حسین بلکہ بلا کی ذہین بھی ہے اور ساتھ ہی یہ بھی کہا تھا کہ ملکہ کو شکار کا بے حد شوق ہے اس پر میرے دوسرے ہمدرد ستری نے یہ اضافہ کیا تھا کہ ملکہ کا حافظہ بہت کمزور ہے۔ اور وہ اپنے دوستوں کو بہت جلد بھول جاتی ہے۔ آج وہ ساری باتیں حرف بحرف سچ ثابت ہو چکی ہیں۔ میں تم سے یہ نہیں کہتا کہ تم ملکہ سے کنارہ کشی اختیار کر لو لیکن یہ ضرور کہوں گا کہ انسان کو دوسرے کے تجربات سے فائدہ ضرور اٹھانا چاہیئے۔"

ملکہ فرطِ جوش میں اٹھ کھڑی ہوئی اور یہ کہتی ہوئی محل میں غائب ہو گئی کہ "میں اس پاگل کی باتیں مزید نہیں سن سکتی۔"

عریب کے لئے سبا اور حبش میں کسی معاہدے کی تکمیل کے بغیر واپسی ایک مسئلہ تھی۔ اس نے شہزادے سے اجازت طلب کی کہ اسے ملکہ سے ملنے اور معاہدے کی تفصیلات طے کرنے کی اجازت دی جائے۔ شہزادے کو ان امور سے اب کوئی دلچسپی نہ تھی بلکہ اس نے بوڑھے عریب کو سمجھایا کہ ملکہ بالکل ناقابل اعتبار ہے۔ اس لئے ایک ناقابل اعتبار ذات کے عہد و پیمان اور معاہدات پر بھی بھروسا نہیں کیا جا سکتا۔ لیکن عریب مجبور تھا کیونکہ وہ کسی معاہدے کے بغیر حبشہ واپس کس طرح جا سکتا تھا۔

اسے ملکہ سے ملنے کے لیے ایک ہفتہ انتظار کرنا پڑا کیونکہ وہ طلسم و جدلیس کے شہزادوں کی دل دہی اور ضیافت میں حد درجہ مشغول تھی۔ دوسری طرف شہزادہ واپسی کے لئے بے چین تھا۔ اور اب اسے شاہی محل کا ذرہ ذرہ کاٹنے کو دوڑ رہا تھا۔

عریب کو ملکہ نے شرف باریابی اس طرح بخشا کہ اس کا دربار بوڑھوں اور سرداروں سے بھرا ہوا تھا۔ طسم اور جدلیس کے شہزادے ملکہ سے دور دوسری صف میں بیٹھے تھے۔ ساحلی ہواؤں کے خوشبو بدوش جھونکے لوگوں کے دل و دماغ معطر کر رہے تھے۔ ملکہ کے دائیں جانب فرش پر ایک ہُدہُد بیٹھا ہُوا تھا۔ عریب بوڑھا تھا۔ اسے بوڑھے دانشمندوں کی پہلی صف میں جگہ دی گئی۔ عریب نے ملکہ کے حسن و جمال کو دیکھا اور اس کے بوڑھے دل میں عہد گزشتہ کی یادیں اور تمنائیں کروٹیں لینے لگیں اور اس کے انصاف پسند دل نے پہلی بار شہزادے کی تباہی کو حق بجانب قرار دیا۔

ملکہ اپنی جگہ پر کھڑی ہو گئی اور اس نے درباریوں اور خاص کر اپنے بوڑھوں اور دانشمندوں کو مخاطب کیا۔ اس نے ہُدہُد کی طرف اشارہ کرتے ہُوئے کہا۔

" لوگو! جیسا کہ تم اس ہُدہُد کو دیکھ رہے ہو یہ میرے نام شمال کے بادشاہ سلیمان کا ایک خط لے کر آیا ہے میں اس کا خط پڑھ کر سناتی ہوں تم سب مجھے مشورہ دو کہ میں اس کا کیا جواب دوں۔ تم کو معلوم ہے کہ میں تمہارے مشوروں کے بغیر کوئی کام نہیں کرتی۔"

اس کے بعد ملکہ نے خط پڑھ کر سنایا:۔

" مبارک ہیں وہ جو خدائے واحد کی پرستش کرتے ہیں۔ مجھے معلوم ہوا ہے کہ تو اور تیری قوم آفتاب کی پرستش کرتی ہے۔ میں تجھے اور تیری قوم کو خدائے واحد کی عبادت کی دعوت دیتا ہوں۔ تجھ پر لازم ہے کہ اس خط کے ملتے ہی میری بارگاہ میں حاضر ہو۔ اگر تو نے میرا حکم نہ مانا تو میں جانوروں، پرندوں، روحوں اور رات کے دیوؤں کی فوج لے کر خود تیرے ملک پر حملہ آور ہوں گا اور پھر جو اس کا انجام ہوگا تو اس کا خوب اندازہ کر سکتی ہے۔"

خط سنا کر ملکہ نے اپنے مشیروں سے کہا۔ " اور یہ طے ہے کہ جب بادشاہ کسی آبادی میں فاتحانہ داخل ہوتے ہیں تو اس کو ویران کر ڈالتے ہیں۔ وہاں کے معززین اور باشندگان کو ذلیل بنا ڈالتے ہیں۔"

سبا کے لوگ جنگ سے نا آشنا تھے۔ یہ لوگ تاجر تھے۔ انہوں نے ملکہ کو مشورہ دیا کہ اس کو سلیمان کے جواب میں تحفے تحائف کے ساتھ یہ جواب لکھنا چاہیئے کہ یروشلم جتنی مدت میں لوگ پہنچتے ہیں میں اس سے آدھی مدت میں پہنچ رہی ہوں۔"

ملکہ نے جواب لکھ کر ہُدہُد کے بازو پر باندھ دیا۔ وہ اسی وقت پرواز کر گیا۔ اب ملکہ نے اپنے مہمانوں کو مخاطب کیا:۔

" کیا ہمارے جملہ مہمان دربار میں موجود ہیں؟"

ملکہ کے بوڑھے وزیر نے افسوس کے ساتھ عرض کیا: "افسوس کہ حبش کے شہزادے نے اپنی جگہ اپنے اتالیق کو بھیج دیا ہے۔"

عین اسی لمحہ ملکہ کے ذاتی اطلاع کنندہ نے اسے آہستہ سے مطلع کیا۔ "ملکہ عالیہ! میں نے سنا ہے کہ طلسم اور جدیس کے شہزادوں کے ارادے اچھے نہیں۔ وہ اپنی معمولی فوج کے بل بوتے پر مارب میں کچھ گڑبڑ کرنا چاہتے ہیں۔ وہ ہیں تاجر اور خود کو جنگجو سمجھتے ہیں۔ اور چاہتے ہیں کہ ملکہ عالیہ ان کی مستقل مہمان بن کر ان کے قبائل میں تشریف لے جائیں۔"

ملکہ گھبرا جانے کے بجائے مسکرانے لگی اس نے پوری طمانیت سے جواب دیا: "مجھے شمال میں یروشلم کے بادشاہ سلیمان نے مدعو کیا ہے جس کے پاس پرندوں، جانوروں جنوں اور رات کے دیوؤں کی فوج ہے۔ اور دنیا کا سب سے بڑا بادشاہ ہے۔"

اس کے بعد اس نے بوڑھے وزیر کو حکم دیا: "ہمارے معزز مہمان حبشہ کے شہزادے کو لایا جائے تاکہ ہم اسے پورے عزت و احترام سے رخصت کریں۔"

اور جب حبشہ کے شہزادے اکثوم کو دربار میں لایا گیا تو ملکہ نے اس کو اپنے قریب بٹھانے کا شرف بخشا۔ اور اس کی مزاج پرسی مسکرا مسکرا کر اس طرح کی جیسے کبھی کوئی بات ہی نہ ہوئی ہو۔ اس نے شہزادے سے بطور خاص کہا: "مبارک ہیں وہ جو معاملات عشق میں صبر و استقلال رکھتے ہیں اور مبارک ہیں وہ جن کی محبت مدوجزر میں ہوتی ہے۔"

شہزادہ اس طرز تخاطب اور عزت افزائی پر ایک بار پھر مغالطے کا شکار ہو گیا اور اس کے دل کی کدورتیں دور ہو گئیں۔ اس نے سوچا کہ ملکہ پر ضرور کسی ایسی رُوح کا سایہ ہے جو کبھی کبھی اس کو ایک ناقابل فہم شخصیت بنا دیتی ہے۔

دربار پر سناٹا طاری تھا۔ ملکہ نے اس سکوت کو ایک بار پھر توڑ دیا۔ اس نے مہمانوں کو مخاطب کیا: "اے سبا کے معزز مہمانو! جیسا کہ تمہیں معلوم ہو چکا ہے کہ مجھے یروشلم کے عظیم بادشاہ سلیمان نے مدعو کیا ہے میں بہت جلد سبا کو چھوڑنے والی ہوں۔ اس لئے تم سب کی عزت و تکریم کے ساتھ واپسی کی خواہشمند ہوں۔"

طلسم کا شہزادہ گستاخانہ اٹھ کر کھڑا ہو گیا: "سلیمان سے پہلے تجھے میں نے مدعو کیا ہے اس لیے پہلے تو ہماری مہمان ہو گی۔ اس کے بعد سلیمان کے پاس جائے گی۔"

جدیس کے شہزادے نے کھڑے ہو کر اس کی تائید کی۔ ملکہ نے نہایت اطمینان سے زیر لب مسکرانے کے ساتھ اکثوم کی طرف دیکھا۔ شہزادہ جوش میں اُٹھ کر کھڑا ہو گیا، اس نے باوقار انداز میں دونوں شہزادوں کو جواب

دیا۔" تم دونوں ملکہ کے معان ہو، اور ظاہر ہے کہ ملکہ تمہاری گستاخیوں کا جواب گستاخی سے نہ دے گی لیکن میں تم دونوں کو اس طرح نقصان کر سکتا ہوں جیسے تمہاری ماؤں نے تمہیں جنا ہی نہ ہو۔"

ملکہ خاموشی سے اٹھ کر محل میں چلی گئی۔ یہ اس بات کا اشارہ تھا کہ اگر دونوں شہزادے اپنی حد سے آگے بڑھیں تو الکثوم کو اس کی اجازت ہے کہ وہ انہیں سزا دے اور وہی دربار جہاں تھوڑی دیر پہلے عزت و وقار سکون اور تمکنت کا راج تھا مبارزت کا اکھاڑا بن گیا۔ دونوں شہزادوں نے الکثوم پر ایک ساتھ حملہ کیا شہزادے نے ایسا محسوس کیا جیسے ملکہ محل کے جھروکے سے اس مقابلے کو دیکھ رہی ہے۔ اس میں بلا کی چستی توانائی اور دلیری آگئی اور جب یہ مقابلہ ختم ہوا تو دونوں شہزادے بُری طرح زخمی ہو چکے تھے اور خود الکثوم اس لائق نہ تھا کہ دربار سے اپنے پیروں سے واپس جا سکتا۔ عریب اسے ملکہ کے آدمیوں کی مدد سے اٹھائے گیا اور ایک بار پھر شاہی جراح کو اس کے علاج کی طرف رجوع ہونا پڑا۔

طسم اور جدلیس کے شہزادے زخمی ہونے کے باوجود اپنے آدمیوں کے ساتھ واپس چلے گئے۔

ملکہ نے اپنی روانگی سے پہلے بیش قیمت لکڑیاں، سلیمان کے خدا کے معبد کے لئے خوشبویات گراں بہا جواہر اور موتی اور سونے کی وافر مقدار تحفے کے طور پر روانہ کر دی، ان تحائف کے ساتھ ایسے چھ ہزار غلام اور لونڈیاں بھی بطور تحفہ بھیجیں، جن کی پیدائش ایک ہی ساعت میں ہوئی تھی۔ ان کے قد و قامت ایک اور شکلیں یکساں تھیں اور ان سب کو حریر سُرخ کا لباس پہنایا گیا تھا۔

کئی سال بعد جب ملکہ یروشلم کے قریب پہنچی تو سلیمان نے اس کی پیشوائی کو ایک ایسا نوجوان روانہ کیا جو صبح کی مانند خوبصورت تھا۔ ملکہ اس کے ساتھ یروشلم میں داخل ہوئی۔

سلیمان نے ملکہ سے شیشے کے محل میں ملاقات کی ملکہ سمجھی، بادشاہ پانی میں بیٹھا ہوا ہے۔ اس نے اپنے زیریں لباس کو اُوپر اٹھایا تو دونوں پنڈلیاں کھل گئیں۔ سلیمان ملکہ کی پنڈلیوں کے بڑے بڑے بال دیکھ کر مسکرائے انہوں نے فرمایا۔ "خوب۔ شکل تو تُو نے حسین و جمیل عورت کی پائی ہے لیکن تیری پنڈلیوں پر بال مردوں جیسے ہیں۔"

پھر سلیمان نے خدا کی شان بیان کی۔ "بیشک خدا کی ہی شان ہے کہ جو چیز مردوں کی زینت ہے۔ وہی عورتوں کے لئے عیب۔"

اس کے بعد ملکہ نے سلیمان سے بہت سی پہیلیاں پوچھیں اور سلیمان نے ان سب کے ٹھیک ٹھیک جوابات دے دیئے کیونکہ سلیمان سے کوئی بات پوشیدہ نہ تھی۔

ملکہ سلیمان کی دانشمندی، اس کے دستر خوان، نوکروں کی نشست و برخاست، ان کی پوشاک اور خداوند کے اس مسکن کو دیکھ کر بہت متاثر ہوئی جس پر چڑھ کر سلیمان اپنے خدا کو قربانیاں چڑھانے تھے۔ ملکہ کے ہوش

اڑ گئے۔ وہ اس سے پہلے کسی سے بھی اتنی مرعوب اور متاثر نہ ہوئی تھی۔ اس نے سلیمان سے کہا "اے یروشلم کے بادشاہ! میں نے تیری دانش اور تیرے کاموں کی نسبت اپنے ملک میں جو سنا تھا۔ آنکھوں سے دیکھنے کے بعد یہ اندازہ ہوا کہ میں نے اصل حقیقت کا آدھا بھی نہ سنا تھا۔ مبارک ہیں تیرے لوگ اور مبارک ہیں تیرے نوکر جو ہمیشہ تیرے حضور کھڑے رہتے ہیں اور تیری حکمت کی باتیں سنتے رہتے ہیں۔ خداوند تیرا خدا مبارک ہو۔ جو تجھ سے راضی ہے اور جس نے تجھ کو اسرائیل کے تخت پر بٹھایا اور تجھ کو بادشاہ بنایا کہ عدل و انصاف کرے۔"

سلیمان نے ملکہ کے حسن و جمال اور فراست و تدبر کا بڑا اثر قبول کیا۔ انہوں نے کہا۔ "میرے باپ داؤد نے تیرے ملک کی بابت پیش گوئی کی تھی کہ سبا کے بادشاہ یروشلم کے بادشاہ کو نذریں دیں گے اور سونا پیش کرینگے، اسی طرح اشعیا نبی نے پیش گوئی کی تھی کہ اے یروشلم! حبش اور سبا والوں کی تجارت جو شریف ہیں تیرے پاس آئے گی۔ اے یروشلم! اونٹوں کی قطاریں تجھ پر چھا جائیں گی اور مدین اور عیفا کی اونٹنیاں تمام سبا سے سونا اور لوبان لے کر آئیں گی۔ آج یہ پیش گوئیاں پوری ہو چکی ہیں۔"

اس کے جواب میں ملکہ نے سلیمان کی خدمت میں ایک سو بیس قنطار سونا بہت سی خوشبوئیں اور قیمتی جواہر پیش کیے۔ کہتے ہیں کہ اس جیسی خوشبوئیں یروشلم والوں کو پھر کبھی سونگھنے کو نہ ملیں سلیمان نے سبا کی ملکہ کو اس سے زیادہ تحائف عطا کیے۔

ملکہ یروشلم کے بادشاہ سلیمان کی معزز مہمان بن کر رہی۔ لیکن پھر اس کا دل اکتا گیا۔ سلیمان کی سات سو بیویاں اور تین سو حرم ملکہ کے لئے مستقل سوہان روح تھیں۔ اس نے سلیمان سے واپسی کی اجازت طلب کی اور اپنے ملازموں سمیت سبا واپس آگئی۔

یروشلم کے سفر اور سلیمان کی کثیر ازواج اور حرم نے ملکہ کے دل کی دنیا کو تہ و بالا کر کے رکھ دیا تھا۔ مارب کا عیش و عشرت کے سامان سے آراستہ محل اس کو خوش نہ کر سکا اور اس کو زندگی میں پہلی بار حبشی شہزادے کی یاد آئی۔ چمڑے کی کشتیاں تیار کی گئیں اور ان پر لاؤ لشکر اور سامان بار کیا گیا۔ ملکہ اپنے مشیروں اور بزرگوں کے ساتھ حبشہ روانہ ہو گئی۔ اس کو یقین تھا کہ سادہ لوح اور احمق شہزادہ ابھی اس کو بھولا نہ ہوگا۔

وہ حبشہ کے ساحل پر خیمہ انداز ہو گئی اور سات افراد پر مشتمل ایک وفد حبشہ کے بادشاہ کی خدمت میں ملکہ کی آمد کی اطلاع کے ساتھ روانہ کر دیا گیا جب یہ وفد واپس آیا تو اس کے ساتھ بوڑھا عریب بھی تھا۔ ملکہ نے اس کو عزت و احترام کے ساتھ اپنے خیمے میں بٹھایا۔ ملکہ کی نظریں شہزادے کو تلاش کرتی رہیں۔ بوڑھے نے اس جستجو کو پڑھ لیا وہ گویا ہوا! "ملکہ عالیہ! وہ اکثوم جسے تو نے مارب کے محل میں دیکھا تھا۔ دنیا، حسن اور عورت کی ناقابل اعتباری سے مجروح ہو کر مر چکا ہے۔ اس کی جگہ دوسرے اکثوم نے جنم لیا ہے۔ میں کوشش کروں گا۔ کہ وہ ملکہ سے ملنا گوارا کرلے۔"

ملکہ پریشان ہو گئی۔ اس کا دل الٹنے لگا۔ بوڑھے عرب کی باتیں اس کی سمجھ میں نہ آتی تھیں۔ اس نے سوال کیا۔ "میری سمجھ میں تیری باتیں نہیں آ رہی ہیں۔"

بوڑھے نے ساحل سمندر پر تعمیر شدہ ایک مینارے کی طرف اشارہ کرتے ہوئے کہا۔ "تو اپنے خاص مصاحبین کے ہمراہ اس مینارے تک میرے ساتھ چل۔ جس اکثوم سے تو ملنے آئی ہے اب وہ حبشہ کے شاہی محل یا تخت پر نہیں ملے گا۔ وہ اس مینارے میں بیٹھا کسی کا انتظار کر رہا ہے۔"

ملکہ کے دل میں امید کی کرن پھوٹی۔ وہ سمجھ گئی کہ اکثوم کا یہ انتظار اس کے سوا کسی اور کا ہرگز نہیں ہو سکتا۔ بوڑھا عرب ملکہ کو لے کر مینارے کی طرف چل پڑا۔ ملکہ کے جلو میں ایک سو مصاحبین اور مشیر بھی تھے، یہ لوگ مینارے کے نیچے پہنچ کر رک گئے۔ بوڑھا عرب انہیں نیچے چھوڑ کر مینارے پر چڑھ گیا اور تھوڑی دیر بعد ملکہ کو تنہا لے کر مینارے پر واپس گیا۔ ملکہ کا ہر قدم جو اوپر کی طرف اٹھ رہا تھا دل کو امید اور ناامیدی کے جھکولے دے رہا تھا۔ یہاں تک کہ جب وہ مینارے کی آخری سیڑھی پر قدم رکھ رہی تھی تو اس کے دل کا برا حال تھا۔ اسے ایسا محسوس ہو رہا تھا جیسے دل ایک بار زور سے دھڑک کر ہمیشہ کے لئے خاموش ہو جانے والا ہے۔

جب وہ بالکل اوپر پہنچ گئی تو اس نے دیکھا کہ حبشہ کا سادہ لوح شہزادہ مینارے کے شمالی روزن سے خلا میں کچھ گھور رہا ہے۔ ملکہ کے قدموں کی چاپ بھی اس کے انہماک کو ختم نہ کر سکی۔

عرب نے شہزادہ کو مخاطب کیا۔ "شہزادے! سبا کی ملکہ تجھ سے ملنا چاہتی ہے اور اس وقت تیری پشت پر کھڑی تیری ملاقات کی منتظر ہے۔"

شہزادے نے گھوم کر ملکہ بلقیس پر ایک نگاہ غلط انداز ڈالی اور فیصلہ کن لہجے میں کہا۔ "ملکہ! سبا واپس جاؤ۔ مجھے کاہنوں اور آنے والے زمانے کی باتیں بتانے والوں نے بتایا ہے کہ حرا کے غار اور فاران کی چوٹی سے ایک چاند طلوع ہونے والا ہے۔ اسے لوگ رحمت عالم کہیں گے۔ یہ انسان کی وحشیانہ زندگی کو نظم و ضبط اور بے راہ رو حیات کو اخلاق و آداب دے گا۔ ٹوٹے دلوں کا سہارا اور زخمی دلوں کا مرہم بنے گا۔ اس کے لوگ حبش آئیں گے اور مبارک اور خوش قسمت ہوں گے وہ لوگ جو ان کا دیدار کریں گے۔ میں اس مینارے سے شمال مشرق میں طلوع ہونے والے اس چاند کا منتظر ہوں۔"

ملکہ کچھ دیر کھڑی شہزادے کی باتیں سنتی رہی اور بالآخر اس نتیجے پر پہنچی کہ شہزادہ اپنا ذہنی توازن کھو چکا ہے۔ زندگی میں پہلی بار اس کو شکست ہوئی تھی اور اس کے حسن کی جملہ رعنائیاں اور قیامت سامانیاں ایک کالے کلوٹے حبشی کو اپنی طرف مائل کرنے میں ناکام رہی تھیں۔

ملکہ بلقیس گرتی پڑتی مینار سے نیچے اتری۔ اس کے مصاحبوں نے پہلی بار اس کے حسین و جمیل چہرے پر خزاں کو دیکھا۔ کہا جاتا ہے کہ اسی روز وہ اپنے آدمیوں کے ساتھ چمڑے کی کشتیوں سے سبا واپس چلی گئی۔

برک کا غلام زادہ

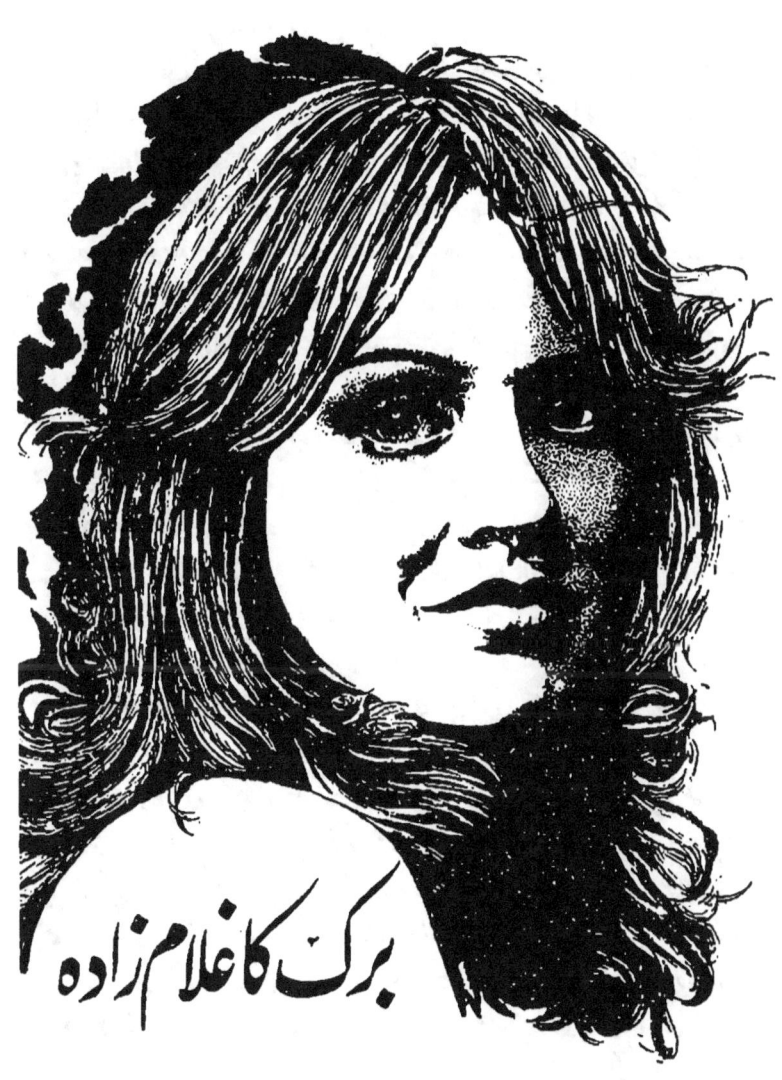

اس رات آسمان پہ چاند بھی نہ تھا۔ برک تاریکی میں ڈوب چکا تھا۔ بستی کی گلیاں اور بازار سنسان تھے۔ اس سناٹے کو موذن کی آواز نے ختم کر دیا۔ وہ عشاء کی نماز کے لئے لوگوں کو بلا رہا تھا۔ اذان کے فوراً بعد ہی گلی کوچے روشن ہو گئے۔ لوگ ہاتھوں میں قندیلیں روشن کئے مسجد کی طرف چل پڑے۔ مسجد کے باہر، صدر دروازے سے متصل جو میدان تھا اس میں گھوڑوں اور خچروں پہ آنے والوں نے اپنے جانوروں کو چھوڑ دیا تھا۔ چند غیر مسلم ان کی نگرانی کے فرائض انجام دے رہے تھے۔ برک کا بربری نسل کا رئیس بھی اپنے گھوڑے پہ شاہانہ انداز سے نمودار ہوا۔ اس کے آس پاس اس کے خدمتگاروں اور مصاحبوں کا ہجوم تھا۔ یہ لوگ بھی گھوڑوں اور خچروں پہ سوار تھے۔ یہی وہ لوگ ہیں جنہوں نے اس چپٹی ناک، چوڑے چہرے، گول ٹھوڑی اور سانولی رنگت سے کچھ کھلتے ہوئے رنگ کے شیخ کا دماغ خراب کر رکھا تھا۔ شیخ کا نام یعقوب تھا۔ یہ شخص بعض بڑی عجیب و غریب صلاحیتوں اور طرفہ مزاج کا مالک تھا۔ تجارت یہ کرتا تھا، سپاہی یہ تھا۔ برک کی پوری آبادی اس کی احسان مند تھی۔ وہ خود فخریہ کہا کرتا تھا کہ اس کا سلسلۂ نسب حضرت یوسف کے ان بھائیوں میں سے کسی ایک سے ملتا ہے جنہوں نے حضرت یوسف کو اپنے حسد سے قدم قدم پہ تکلیفیں پہنچائی تھیں۔ اس کا دادا مسلمان ہو گیا تھا۔ یہی وجہ تھی کہ اس کے عادات و اطوار اب بھی یہودیوں جیسے تھے۔ طبیعت میں حرص بہت تھی۔ بات بات میں کاروبار کرتا تھا۔ اس کے مزاج میں سب سے زیادہ خطرناک اور تکلیف دہ بات یہ تھی کہ اس میں لذت آزاری کوٹ کوٹ کر بھری ہوئی تھی۔ اپنی اس خصلت کا اس نے جس جس طرح اور جن جن موقعوں پر اظہار کیا تھا آج اس کے ذکر سے بھی کراہت ہوتی ہے۔

آج انہیں دہراتے ہوئے بھی تکلیف محسوس ہو رہی ہے۔ جس رات کا میں نے اوپر ذکر کیا ہے میرے لئے قیامت کی رات تھی، میرا بوڑھا باپ موت اور زیست کی کشمکش میں مبتلا تھا۔ وہ ساری ساری رات کھانس کر گزار دیتا۔ میں نے ہوش سنبھالنے کے بعد اپنے باپ کے سوا کسی رشتہ دار کو بھی نہ دیکھا تھا۔ مجھے اپنے خاندان کی بابت بس اتنا معلوم تھا کہ وہ بلخ کے آس پاس کہیں رہتا تھا۔ والد صاحب پر معلوم نہیں کیسی اُفتاد آ پڑی کہ وہ اچانک گھر چھوڑ دینے پر مجبور ہو گئے۔ انہیں مجھ سے بڑی محبت تھی۔ چنانچہ مجھے اپنے ساتھ لے کر نکل کھڑے ہوئے۔ اسکندریہ کے مضافات میں ان کی ملاقات یعقوب سے ہو گئی۔ یہاں یہ قاعدہ رائج تھا کہ جو لوگ کسی وجہ سے اپنے خاندان سے بچھڑ جاتے ہیں انہیں بے یار و مددگاری کے عالم میں جو خاندان یا لوگ بھی پناہ دیتے وہ انہیں اپنا مملوک (غلام) سمجھنے لگتے تھے لیکن ان کی حیثیت زرخرید غلاموں سے ذرا مختلف ہوتی تھی۔ یہ لوگ محنت مشقت کر کے کچھ خاص شرائط کی تکمیل کے بعد آزاد

خاندان میں رشتہ بھی کر سکتے تھے۔ میرے والد نے اسی خیال کے پیش نظر یعقوب کی اعانت قبول کر لی تھی۔ یعقوب ان سے کھیتی باڑی کا کام لیتا اور معاوضہ میں کھانے، کپڑے کے علاوہ کبھی کبھار کچھ نقدی بھی دے دیا کرتا تھا۔ اسی طرح کئی سال گزر گئے اور والد صاحب بجھتے چلے گئے۔ وہ اکثر نماز پڑھنے کے بعد سلام پھیرتے ہی اپنا منہ شمال مشرق میں کر لیتے اور زیر لب معلوم نہیں کیا گڑگڑاتے رہتے۔ میرا خیال ہے انہیں اپنا وطن اور خاندان بہت یاد آتا تھا۔ اور خدا سے اسی سلسلہ میں گریہ وزاری کرتے تھے۔

مذکورہ رات سے کئی دن پہلے دو گھوڑ سوار گرد و غبار کے بادل اڑاتے ہوئے برک میں داخل ہو گئے۔ ان کا حلیہ مصریوں یا بربریوں جیسا نہ تھا۔ ان کے چہرے سرخ و سفید قد و قامت میں وجاہت اور گھوڑوں پر بیٹھنے کا ڈھنگ بڑا مغرورانہ تھا۔ انہیں یعقوب کے مکان کی تلاش تھی۔ لوگوں نے انہیں یہاں تک پہنچا دیا۔ انہوں نے یعقوب سے ملتے ہی دریافت کیا۔ "کیوں جناب کیا گاوردی یہیں رہتا ہے؟"

"گاوردی میرے باپ کا نام ہے۔" یعقوب نے تاجروں جیسی خندہ پیشانی سے جواب دیا۔ "ہاں یہیں رہتا ہے میں ابھی بلاتا ہوں۔"

بعد میں معلوم ہوا کہ ان دونوں میں سے ایک تو میرا چچا تھا دوسرا ماموں۔ یہ دونوں میرے والد کو واپس لے جانے کے لئے آئے تھے۔ انہوں نے والد کو بتایا کہ وطن میں اب کوئی خطرہ نہیں ہے۔ ان سے یہ بھی معلوم ہوا کہ میری وجہ سے میری ماں کی حالت بہت غیر ہو چکی ہے لیکن والد پر ان کی باتوں کا کوئی اثر نہ ہوا۔ انہوں نے بس اتنا کہا کہ وہ تو واپس جانے سے رہے اور میری طرف اشارہ کرتے ہوئے کہا کہ ہاں اگر چاہو تو اسے لے جا سکتے ہو،

یعقوب کو کچھ پتا نہ تھا کہ یہ دونوں صاحبان کیوں آئے ہیں۔ وہ تو یہ سوچ سوچ کر خوش ہو رہا تھا کہ چلئے دو مملوک اور ملے۔ ان کی محنت سے اس کی دولت میں اور اضافہ ہو جائے گا لیکن جب اس کو یہ معلوم ہوا کہ وہ والد کو واپس لے جانا چاہتے ہیں تو بہت جز بز ہوا اور بڑا ہنگامہ کھڑا کیا۔ اس نے حساب کتاب کی ایک فرد تیار کی جس میں یہ ثابت کیا گیا تھا کہ والد کی محنت کے ثمر سے زیادہ ان پر خرچ کیا جا چکا ہے۔ اس لئے گاوردی اس وقت تک نہیں جا سکتا جب تک اپنے ذمہ واجب الادا بیس ہزار درہم ادا نہ کر دے۔ دن رات کی محنت اور بیماری نے والد کو کھوکھلا کر دیا تھا۔ یعقوب بھی یہی محسوس کرتا تھا کہ والد صاحب اس کے لئے مفید نہیں رہے۔ اس لئے وہ چاہتا تھا کہ اگر ان حالات میں بیس ہزار درہم لے کر پیچھا چھڑا لیا جائے تو سودا برا نہیں ہے۔ میرے چچا اور ماموں کے پاس بیس ہزار درہم موجود نہ تھے فیصلہ یہ ہوا کہ وہ دونوں وطن واپس جائیں اور وہاں سے مطلوبہ رقم فراہم کر کے والد صاحب کو چھڑا لے جائیں۔

اور یہ سارا کام کم از کم تین ماہ میں انجام پا سکتا تھا لیکن اس تصفیہ میں یعقوب کے لئے ایک بات تامل تھی۔ وہ یہ کہ تین ماہ کی مدت میں رقم میں اور اضافہ ہو جائے گا اس لئے بیس ہزار درہم کی جگہ پچیس ہزار کا انتظام کیا جائے۔ ان دونوں نے یعقوب کی اس کم ظرفی کو بھی گوارہ کر لیا لیکن یعقوب کی اصل بدنیتی تو اس وقت ظاہر ہوئی جب میرے چچا اور ماموں واپسی کے لئے تیار ہوتے اور یعقوب نے ان کے سامنے ان کے قیام اور خوراک اور دیگر مدارات کا حساب کتاب پیش کر دیا۔ ان دونوں کو اس حساب پر تعجب، پریشانی اور ادائیگی میں تامل ہوا تو یعقوب نے بے مروتی سے کہا۔ "اگر تم کسی سرائے میں ٹھہرتے تو اس کا حساب کتاب چکاتے یا نہیں۔ میں تو سرائے کے حساب سے کچھ کم ہی طلب کر رہا ہوں۔"

دونوں نے خاموشی سے اس کا حساب چکا دیا اور وطن روانہ ہو گئے۔

والد صاحب عشاء کی نماز میں شریک نہ ہو سکتے تھے۔ ان کی ہڈیوں میں بخار رہنے لگا تھا اور کھانسی نے الگ تنگ کر رکھا تھا۔ کمرے میں دو مومی شمعیں روشن تھیں۔ ان کی روشنی میں والد کا زرد اور اُترا ہوا چہرہ بڑا بھیانک لگ رہا تھا۔ رخساروں کا گوشت گھل چکا تھا جبڑے کی ہڈیاں ابھر آئی تھیں۔ آنکھیں حلقوں میں گھس گئی تھیں۔ انہوں نے اشارے سے مجھے اپنے قریب بلایا۔ میں ان کے منہ کے سامنے مونڈھے پر بیٹھ گیا۔ انہوں نے اپنا داہنا ہاتھ میری طرف بڑھایا اور دونوں ہاتھ پکڑ لئے۔ ہتھیلی کی پشت پر نسیں اس طرح ابھری ہوئی تھیں جیسے خزاں رسیدہ پتے پر اس کے ریشے۔ انہوں نے مجھ سے دریافت کیا۔ "کیا تمہارے چچا اور ماموں واپس چلے گئے؟"

میں نے گردن ہلا کر ہاں میں جواب دیا۔ اسوقت میرے دل کی عجیب حالت ہو رہی تھی۔ دل اندر سے رو رہا تھا۔ وہ میرے ہاتھوں کو سہلانے لگے۔ بولے۔ "انہوں نے یعقوب سے غلط وعدہ کر لیا ہے۔ انہوں نے بیس پچیس ہزار درہم کے عوض میری آزادی کا سودا کیا ہے لیکن مجھے یقین ہے کہ اب جب وہ واپس آئیں گے تو مجھے زندہ نہ پائیں گے۔"

میں رونے لگا۔ انہوں نے میری ڈھارس بندھاتے ہوئے کہا۔ "اس میں رونے کی کوئی بات نہیں تمہیں میری زندگی سے سبق لینا چاہئے۔ عرصہ ہوا میں نے جعلی سکے بنانے کی ایک غلطی کی تھی۔ اس جرم کا جب انکشاف ہو گیا اور حکومت کے کارندے مجھے پکڑنے آئے تو میں بھاگ کھڑا ہوا۔ اگر ایسا نہ کرتا تو وہاں کے مروجہ قانون کی رو سے مجھ کو ایک غلام کی طرح فروخت کر دیا جاتا۔ میں نے فرار ہوتے وقت تجھ کو بھی اپنے ساتھ لے لیا۔ اس وقت تو ڈھائی سال کا تھا۔"

یہ کہتے کہتے ان کی آواز بھرا گئی اور گلا رندھ گیا۔ کچھ دم لے کر بولے۔ "میں نے سب سے بڑی غلطی یہ کی کہ سپاہ گری کو چھوڑ کر کاشتکاری کا پیشہ اختیار کیا۔ یہ بھی اس لئے کہ میں گمنامی کی زندگی گزارنا چاہتا تھا۔ یعقوب نے مجھے پناہ دی اور یہ طے پایا تھا کہ میں اس کی زمین پر کاشت کروں گا، وہ میری کفالت بھی کرے گا اور محنت کا کچھ حصہ بھی دے گا لیکن بعد کے تجربات نے یہ ثابت کیا کہ یعقوب بہت حریص اور خود غرض ہے اس میں لذت آزادی کا مرض بھی موجود ہے۔ دوسروں کو دکھ پہنچا کے لطف حاصل کرتا ہے۔ بہر حال جو گزر گیا اس پر لعنت بھیجو۔ میری زندگی کے دن پورے ہوا چاہتے ہیں۔ تمہاری بابت یعقوب نے مجھ سے یہ وعدہ کر رکھا ہے کہ جب تم پوری طرح کام دھندے میں لگ جاؤ گے اور اپنے لئے علیحدہ ایک مکان بنالو گے تو وہ تم سے اپنی لڑکی کلثوم کی شادی کر دے گا۔" پھر چھت کی طرف بے خیالی سے دیکھتے ہوئے آہستہ سے کہا۔ "لیکن مجھ کو اس کے کسی بھی وعدے کا اعتبار نہیں ہے۔"

اس وقت کھانسی کا دورہ پڑا اور وہ کھانستے کھانستے بے سدھ ہو کر چپ چاپ پڑے رہے۔ میں نے اٹھ کر انہیں پانی دیا۔ جب حلق تر ہوئی تو کھانسی کا زور بھی ٹوٹ گیا۔ چند جملوں میں وصیت کی۔ "شادی با تم کاشتکاری کا پیشہ ہرگز نہ اختیار کرنا، تم سپاہی بننا، ایک سپاہی کے لئے دنیا میں بہت کچھ ہے۔ عزت، شہرت، دولت، سیاحت لیکن ایک کاشتکار کے لئے کچھ بھی نہیں۔ جیتے جی قبر ہے اس کے لئے۔ اور کلثوم کا تم خیال بھی نہ کرنا۔ یعقوب کلثوم کا لالچ دے کر تمہیں کہیں کا بھی نہیں رکھے گا۔ بہتر تو یہی ہے کہ تم اپنے چچا اور ماموں کے ساتھ وطن واپس چلے جانا۔"

کمرے سے باہر گھوڑوں کی ٹاپوں نے یہ بتلایا کہ یعقوب عشاء کی نماز ادا کر کے واپس آچکا ہے۔ یہ آہٹ کمرے کے دروازے پر آ کر ختم ہو گئی اور چپٹی ناک والا یعقوب اپنے مصاحبین کے ساتھ کمرے کے اندر داخل ہو گیا۔ والد نے اٹھ کر بیٹھ جانا چاہا لیکن بیٹھا نہ گیا اس لئے لیٹے رہے۔ یعقوب نے دل آزاری کا تیر چلایا۔ "تم کو حفظ مراتب کا خیال تو رکھنا ہی چاہیئے۔ لیکن میں جانتا ہوں کہ جب سے تمہارا اور تمہاری بیوی کا بھائی یہ دونوں تم سے ملے ہیں تمہاری خود سری میں کچھ زیادہ اضافہ ہو گیا ہے۔ بہر حال یہ طے ہے کہ اب تمہیں آرام نہیں کرنا چاہیئے۔ جلدی جلدی اور زیادہ سے زیادہ کام کر کے تم جتنی رقم بھی اتار سکو تمہارے اور تمہارے بیٹے کے لئے اتنا ہی مفید ہے۔"

والد نے غصے میں کہا۔ "اب میں کام نہیں کر سکتا۔ شیخ! تم حد درجہ حریص اور خود غرض ہو۔ میں نے اپنی انتہائی محنت سے تمہیں اتنا کچھ دیا ہے کہ اگر تم میں ذرا سا بھی ضمیر ہوتا تو تم میرے عوض پچیس ہزار درہم طلب کرنے کے بجائے یہ رقم الٹے مجھ کو دیتے۔"

یعقوب غصے میں آگے بڑھا اور پے در پے کئی ہاتھ رسید کر دیئے۔ اس کے مصاحب کھڑے ہنس رہے تھے۔ میں تلملا گیا۔ دوڑ کر ان کے اوپر لیٹ گیا۔ والد صاحب کے منہ سے خون آ گیا۔ ان کی آنکھوں میں آنسو آ گئے اور نقاہت کی وجہ سے آگے کچھ بھی نہ بول سکے۔ یعقوب واپس جاتا ہوا بولا "میں تین ماہ تک ان دونوں کا انتظار کروں گا۔ اگر وہ اس مدت میں رقم لے کر نہ آئے تو میں تمہیں اس کی وہی سزا دوں گا جو ہم قبائلیوں میں رائج ہے۔ میں برک کے بزرگوں اور عقلمندوں کو یکجا کر کے ان کے سامنے تمہارا معاملہ رکھ دوں گا پھر وہ جو فیصلہ دیں گے اس پر پوری بے دردی اور بے مروتی سے عمل کیا جائے گا۔"

والد صاحب کے کرب زدہ سکڑے ہوئے چہرے پر طنزیہ مسکراہٹ پھیل گئی۔ یعقوب اپنے مصاحبین کے ساتھ واپس جا چکا تھا۔ والد نے آہستہ سے کہا "ہاں اگر اس وقت تک زندہ رہا تو جو جی میں آئے سزا دے لینا، احمق پاگل کہیں کا۔ میں چند دنوں کا تو مہمان ہوں۔"

اس وقت میری عمر اٹھارہ سال کی ہوگی۔ میں نے فن سپاہ گری بس اسی حد تک حاصل کیا تھا جتنا عام طور پر ہر انسان حاصل کرتا تھا لیکن والد صاحب کے بعد میں اس فن میں مہارت حاصل کرنا چاہتا تھا۔ میں کلثوم کو چاہتا تو ضرور تھا لیکن اس سے شادی کا سوال اس لئے نہیں پیدا ہوتا تھا کہ وہ مجھے غلام سمجھتی تھی میں اس کے باپ کا پروردہ تھا چنانچہ میرے ساتھ اس کے تعلقات ہمیشہ احتیاط اور تکلف کے ساتھ قائم رہے۔ وہ تقریباً میری ہم عمر تھی۔

تین ماہ پورے ہونے میں چار دن باقی تھے۔ یعقوب مجھے اندر لے گیا اور نہایت شفقت آمیز لہجے میں حکم دیا کہ "اب تم یہیں رہو۔"

میں اس کے اس نئے اور عجیب و غریب حکم کا مطلب نہ سمجھ سکا۔ ریشمی جالی کے کرتے پر کلابتو کے کام کی صدری پہنے ہوئے کلثوم نہایت رعونت سے ادھر اُدھر پھرتی رہتی۔ اس کی ماں کا انتقال ہو چکا تھا یعقوب نے چار کنیزیں خرید کر گھر میں ڈال لی تھیں۔ کلثوم ان سب کی چہیتی تھی۔ میں نے اکثر یہ محسوس کیا کہ جب میں کلثوم کو نہ دیکھتا تو وہ مجھے ضرور دیکھتی رہتی پھر جیسے ہی میری نظر اس کی طرف اٹھتی تو اس کی نظریں ادھر اُدھر بھٹک جاتیں۔ یعقوب اور اس کی کنیزوں کا میرے ساتھ جس قسم کا شفقت آمیز سلوک تھا اس سے میں نے یہی نتیجہ نکالا تھا کہ کلثوم واقعی مجھ سے وابستہ کر دی جائے گی۔ جب سے میں اندر گیا تھا مجھے والد صاحب سے نہیں ملنے دیا جاتا تھا۔ یہ بات بھی ایک معمہ تھی مجھے صرف اتنا بتایا گیا تھا کہ وہ سرکاری شفاخانے میں داخل کر دیئے گئے ہیں۔

دوپہر کا وقت تھا یعقوب کی کنیزیں کھانے کے بعد قیلولے میں تھیں۔ یعقوب ظہر کی نماز باجماعت

پڑھنے مسجد جاچکا تھا میں اپنے کمرے میں تنہا بیٹھا ہوا سنن ابن ماجہ پڑھ رہا تھا کہ دبے پاؤں کلثوم داخل ہوئی۔ اس نے شوخی آمیز لہجے میں دریافت کیا۔ "شیخ! کیا پڑھ رہے ہو؟"

میرا دل دھک دھک کرنے لگا۔ میں نے جواب دیا: "سنن ابن ماجہ"۔

کلثوم نے اضطراری لہجے میں کہا: "کچھ خبر بھی ہے تم کو قیامت کی گھڑیاں آنے والی ہیں"۔

میں نے لاعلمی کا اظہار کیا: "کیسی قیامت کی گھڑیاں؟"

کلثوم نے افسوس کرتے ہوئے کہا: "توبہ توبہ پرستار زاہدگی بھی کتنی بُری شے ہے!!" لہجے سے لمحہ بھر کے لئے احساس کمتری پیدا ہوگیا۔

اس نے دائیں بائیں دیکھتے ہوئے سرگوشی میں کہا "تم دونوں کی بہتری اسی میں ہے کہ ایک لمحہ ضائع کئے بغیر یہاں سے فرار ہو جاؤ۔ اگر تم ایسا نہ کرسکے تو تمہارے باپ کی زندگی سخت خطرے میں رہے گی"۔

میں نے مایوسی کا اظہار کیا۔ "ہم تمہارے والد کے مقروض ہیں۔ قرض کی ادائیگی کے بغیر ہم کس طرح جا سکتے ہیں؟"

کلثوم نے حقارت سے کہا "احمق! زندگی کو بچانے کے لئے کسی بھی فعل سے گریز نہیں کرنا چاہیئے"۔

میں نے کہا "پھر آپ ہی بتائیں کہ ہمیں کیا کرنا چاہیئے؟"

"کرو یہ کہ" وہ کہنے لگی۔ "میں پرسوں تک دو گھوڑوں کا انتظام کردوں گی۔ پرسوں عشاء کی اذان کے فوراً بعد تم دونوں اس پر بیٹھ کر یہاں سے کہیں دور نکل جانا۔ اسی میں تمہاری عافیت ہے"۔

میں نے اپنے دل میں سوچا کہ کہیں یہ لڑکی مجھ سے فریب تو نہیں کررہی ہے لیکن اس نے میرا شک رفع کردیا۔ "ایسا میں کسی لالچ میں نہیں کررہی ہوں۔ میں صرف یہ چاہتی ہوں کہ تم دونوں یہاں سے دفعان ہو جاؤ تاکہ وہ نہ ہو جس کا ابانے ہم دونوں کی بابت فیصلہ کیا ہے"۔

یہ کہتے کہتے وہ شرما گئی۔ میں سمجھ گیا کہ اس طرح وہ مجھے رد کررہی ہے۔ مجھے دکھ پہنچا۔

میں نے کہا "لیکن میرے والد تو سرکاری شفاخانے میں ہیں وہ کس طرح فرار ہوسکتے ہیں؟"

کلثوم نے جواب دیا "یہ سب غلط ہے تمہارے والد تو یہیں موجود ہیں۔ اس حویلی میں۔ کمرہ البتہ تبدیل کردیا گیا ہے"۔

میں ایسا محسوس ہوا جیسے کمرے کے باہر کوئی ہم دونوں کی بات چیت سن رہا ہے۔ کلثوم تیزی سے کمرے کے باہر نکل گئی۔ اس کے پیچھے ہی میں بھی نکلا۔ مرسیہ نامی کنیز تیز تیز قدم اٹھاتی بھاگی چلی جارہی تھی۔

کلثوم چھپا کئے بغیر واپس آ گئی اس کے ساتھ ہی میں بھی کمرے میں داخل ہوا۔
کلثوم کچھ کھسیائی ہوئی سی تھی، کہنے لگی "برا ہوا۔ یہ ساری باتیں ابا کو بتلا دے گی۔ اب تمہارا فرار ہونا بہت مشکل ہے۔"
اس کے بعد وہ فکر مند ہو کر چلی گئی۔ وہ سن گن لینے گئی تھی۔
رات کو عشاء کے بعد یعقوب میرے پاس آیا کہنے لگا "کل ہم لوگ شکار پر جا رہے ہیں۔ کیا تم بھی ہمارے ساتھ چلنا پسند کرو گے؟"
میں نے جواب دیا "میں ابا کی تیمار داری کرنا چاہتا ہوں۔"
یعقوب نے اپنی ناک کے نتھنے چڑھائے اور تیز تیز سانس لیتا ہوا بولا "یہ بھی درست ہے۔ میں تم سے خوش ہوں۔ شادی تم میرے بیٹے کے مثل ہو۔"
اسی لمحے کلثوم آ گئی۔ یعقوب نے اسے دیکھتے ہی میرے سر پہ ہلکی سی چپت لگائی اور بولا "کلثوم بیٹا! دیکھا تو نے یہ شادی کتنا بدمذاق ہے۔ میں اس کو شکار پر لے جانا چاہتا ہوں لیکن یہ جانے سے انکار کر رہا ہے۔" یعقوب کے رویے اور لہجے میں میرے لئے خلوص ضرور تھا۔ میں ذرا سی دیر کے لئے یعقوب کے پرفریب سلوک سے متاثر ہو گیا۔ اس نے مجھے شکار پر ساتھ چلنے کے لئے مجبور نہیں کیا اور میری درخواست بھی مان لی گئی کہ میں آخری وقت میں اپنے بیمار باپ کی تیمار داری کر لوں۔
ساری رات شکار کی تیاریوں میں گزر گئی۔ فجر کی نماز پڑھ کر ساٹھ آدمیوں پر مشتمل یہ جماعت شکار کی مہم پر روانہ ہو گئی۔ مجھے یعقوب نے والد صاحب کے کمرے میں چھوڑ دیا۔ کلثوم نے سچ ہی کہا تھا کہ انہیں سرکاری شفاخانے نہیں حویلی کے ایک دوسرے کمرے میں منتقل کر دیا گیا ہے۔
یعقوب کے شکار پہ چلے جانے سے کلثوم بھی بے حد خوش تھی۔ اس نے اس دوران مرسیہ کنیز سے بھی معلوم کر لیا تھا کہ اس نے دونوں کی گفتگو کا ذکر یعقوب سے تو نہیں کر دیا۔ اس نے قسمیں کھا کھا کر انکار کیا۔ کلثوم کو اطمینان ہو گیا اور اب پروگرام یہ بنا کہ آج رات کو عشاء کی نماز کے گھنٹہ دو گھنٹہ بعد ہم دونوں کو فرار ہو جانا چاہیے۔ دونوں گھوڑوں کی بابت یہ فیصلہ ہوا کہ وہ گھوڑے دروازے تک تو لانے سے رہی، ہاں اصطبل کو کھلا چھوڑ دے گی۔ ہم دونوں رات کی تاریکی میں اصطبل میں داخل ہو جائیں گے اور پھر ان میں جو دو گھوڑے پسند ہوں انہیں لے کر فرار ہو جائیں۔
میں کلثوم کا بے حد احسان مند تھا۔ جب والد صاحب کو اس تجویز کا علم ہوا تو وہ بھی بہت خوش ہوئے اور انہوں نے اشک آلود آنکھوں سے دعا دیتے ہوئے پیشین گوئی کی کہ یہ لڑکی بہت آرام اور سکون سے

زندگی گزارے گی۔ اس نے دو مجبوروں کا ساتھ جو دیا تھا۔

ہمیں یہ طے کرنا تھا کہ آخر فرار ہو کر ہمیں جانا کدھر چاہیئے؟ والد صاحب نے اس مسئلہ کو بھی حل کر دیا انہوں نے قاہرہ کا حکم دیا۔ اس زمانہ میں مملوک سلطان بیبرس کا سیارہ اقبال عروج پر تھا اور اس کا شہرہ سرزمینِ مصر سے نکل کر فرانس، جرمنی، پرتگال، بلجیم، اسپین اور انگلستان تک پہنچ چکا تھا۔ صحرائے گوبی کے منگول بھی اس کی ہیبت، دبدبے، تدبر اور سپاہیانہ فضیلت کے قائل تھے کیونکہ اس نے اپنے بارے میں لوگوں میں یقین اور اعتماد مقابلہ کے بعد پیدا کیا تھا۔ میں نے یہ بات کلثوم سے چھپائی کہ میں برک سے فرار ہو کر قاہرہ جاؤں گا۔

رات ہونے سے پہلے کلثوم کئی بار مجھ سے ملی۔ اس کا عجب حال تھا۔ اس کی اصل کیفیت یا احساسات کا میں صحیح اندازہ نہ کر سکا۔ کبھی ملول اور افسردہ نظر آئی تو کبھی خوش اور بشاش۔ اس نے ایک درخواست ضرور کی وہ یہ کہ جب میں صحیح سلامت منزلِ مقصود تک پہنچ جاؤں تو کسی بھی طرح اس کو اس سے مطلع ضرور کر دوں۔ میں نے اس کا وعدہ کر لیا۔

مغرب کے بعد میں اس حویلی کے در و دیوار حسرت سے دیکھتا رہا۔ یہاں سے جانے کو جی نہیں چاہتا تھا۔ اس کا ذرہ ذرہ میرے پیر پکڑ رہا تھا۔ یہی حال والد صاحب کا تھا۔ ان کی آنکھیں بھی ڈبڈبا گئی تھیں۔ گو کہ اس حویلی نے انہیں کوئی ایسا سکھ نہ دیا تھا جو قابلِ ذکر ہوتا پھر بھی والد صاحب کو اس جگہ سے محبت ہو گئی تھی۔ کئی بار تو یہ سوچا کہ اپنی تجویز پر عمل کرنے سے باز رہوں اور جو کچھ ہونے والا ہے ہو جانے دوں لیکن کلثوم نے اشارتاً یہ بتلایا کہ میرے والد کے ساتھ جتنا مہیب اور دردناک ڈرامہ کھیلا جانے والا ہے اس کا میں اندازہ تک نہ کر سکتا تھا۔ جب وقت عشاء کی اذان کی صدا کانوں میں گونجی میرا دل زور زور سے دھڑکنے لگا۔ میں جو تھوڑا بہت سامان اپنے ساتھ لے کر جانے والا تھا۔ اس کو گٹھڑی کی شکل میں باندھ لیا۔ دو بستر اور دو کمبل بھی لپیٹ لئے۔ اذان کے تقریباً نصف گھنٹہ بعد میں اصطبل کی طرف گیا۔ میں نے اس کے دروازے کا جائزہ لیا تو معلوم ہوا کہ اس میں قفل نہیں پڑا ہے بلکہ صرف چٹخنی کنڈے میں پھنسی ہوئی ہے۔ اب مجھے اپنے پروگرام کی کامیابی کا یقین ہو گیا۔

روانگی سے تقریباً پون گھنٹہ پہلے کلثوم ایک سفید چادر میں لپٹی ہوئی میرے پاس آئی۔ اس کی آنکھوں میں آنسو اور آواز میں ارتعاش تھا۔ اس نے آہستہ سے کہا: "تھوڑی دیر بعد تم دونوں یہاں سے چلے جاؤ گے!! جی چاہتا ہے نہ جانے دوں۔ روک لوں۔ لیکن، لیکن تم چلے جاؤ۔ میں نہیں روکوں گی تم دونوں کو۔"

اس وقت والد صاحب کے احساسات نہ معلوم کیا تھے۔ وہ ہم دونوں کو بہت محبت سے دیکھ رہے تھے۔ کلثوم ان کے پاس چلی گئی اور دریافت کیا۔ "عم محترم! کیا آپ اعتماد اور یقین کے ساتھ گھوڑے کی سواری کر سکیں گے؟"

والد صاحب نے زبردستی بشاشت پیدا کی، بولے۔ "بالکل، حالانکہ میں بہت کمزور ہو گیا ہوں لیکن پھر بھی کم از کم دو سو میل کا سفر بآسانی کر لوں گا۔"

کلثوم نے کہا۔ "خدا آپ دونوں کی حفاظت کرے۔"

والد صاحب نے اس کا شکریہ ادا کرنا چاہا لیکن وہ دامن سے آنسو پونچھتی ہوئی واپس چلی گئی۔ چلتے چلتے کہتی گئی کہ "بس اب دیر نہ کیجئے نکل جائیے یہاں سے۔"

اس کے جاتے ہی میں اصطبل چلا گیا۔ وہاں کئی گھوڑے کھڑے تھے لیکن یہ معمولی گھوڑے تھے جو لمبے سفر میں ہمارا ساتھ نہ دے سکتے تھے۔ بہرحال پھر بھی جو ان میں سب سے اچھے گھوڑے تھے۔ دو گھوڑوں میں لگام ڈال کر زین کسی اور سامان لینے چلا گیا۔ دو مرتبہ میں سارا سامان اصطبل میں پہنچ گیا پھر والد صاحب کو لینے چلا گیا۔ انہیں لے کر جب میں اصطبل کی طرف جا رہا تھا تو کلثوم ایک بار پھر مجھے ملی۔ اس کے ہاتھ میں تالا تھا۔ کہنے لگی: "تم جیسے ہی یہاں سے فرار ہو گے میں اصطبل میں تالا لگا دوں گی۔ صرف اس لئے کہ دوسرے لوگ تمہارا تعاقب نہ کر سکیں۔" کلثوم قدم قدم پر میرا ساتھ دے رہی تھی۔

میں نے جلدی جلدی گھوڑوں پر سامان لادا، ان کے پیر آزاد کئے اور ایک پر اپنے بیمار باپ کو ڈالا اور دوسرے پر خود سوار ہو گیا۔ ہم دونوں نے ایڑ جو لگائی تو گھوڑے ہوا سے باتیں کرنے لگے۔ میں نے محسوس کیا جب ہم حویلی سے نکل رہے تھے تو کلثوم کی نگاہیں جالیوں کے پیچھے سے ہمارا تعاقب کر رہی تھیں۔

جب ہمارے گھوڑے سرپٹ بھاگتے ہوئے حویلی کے صدر دروازے سے گزرے تو دربانوں میں کھلبلی مچ گئی۔ بعد میں ہمیں معلوم ہوا کہ وہ اصطبل کی طرف گئے۔ لیکن اس میں قفل پڑا تھا اور کلثوم کے بقول اس کی کنجی یعقوب کے پاس تھی۔ تھوڑی ہی دیر میں یہ بات مشہور ہو گئی کہ ہم دونوں فرار ہو چکے ہیں۔ ہمارا خیال تھا کہ پچاس میل کی مسافت طے کر لینے کے بعد کسی جگہ رُک کر دم لیں گے اس کے بعد آگے بڑھیں گے لیکن ابھی ہم نے بمشکل تیس میل ہی کا سفر طے کیا ہو گا کہ اپنے پیچھے بہت سے گھوڑوں کی ٹاپ سنی۔ ہم دونوں کے گھوڑے زیادہ تیز رفتار نہ تھے۔ اس لئے آنے والے لمحہ بہ لمحہ ہم سے قریب ہوتے جا رہے تھے۔ ہمارے لئے ایک دشواری یہ بھی تھی کہ والد کی صحت قطعاً اس لائق نہ تھی کہ ہم اپنے گھوڑوں کو مسابقت کے انداز میں بھگا سکتے۔ میں نے عالم وحشت اور بدحواسی

میں اپنے گرد وپیش کا جائزہ لیا۔ میرے دائیں جانب پے پی رس کا جنگل پھیلا ہوا تھا۔ والد نے اپنے گھوڑے کو میرے قریب لاتے ہوئے کہا۔ "شادی! ہمیں اپنے گھوڑوں کی رفتار کم کر دینی چاہئے اور پھر آہستہ آہستہ پے پی رس کے جنگل میں چھپ جانا چاہئے۔"

میں نے والد کے ساتھ ہی اپنے گھوڑے کو داہنی طرف موڑ دیا اور بتدریج دونوں گھوڑوں کی رفتار کم ہونے لگیں۔ اندھیری رات میں آواز کی آہٹ ہی سے کسی شے کی سمت متعین کی جا سکتی تھی۔ تھوڑی دیر بعد ہم دونوں جنگل میں داخل ہو گئے۔ لیکن یہاں پہنچ کر والد کو ایک اور ترکیب سوجھی۔ کہنے لگے۔ "تعاقب کرنے والوں کو گمراہ کرنے کا بہترین طریقہ یہ ہے کہ ہم اپنے ایک گھوڑے سے مایوس ہو جائیں، ہمیں فوراً خالی گھوڑے کو مار کر بھگا دینا چاہئے تاکہ لوگ اس کے پیچھے لگ جائیں اور ہم دونوں سردست ایک گھوڑے پر سفر کریں۔"

لیکن مجھے اس سے اتفاق نہ تھا کیونکہ ابھی تک یہ بات قطعی نہ تھی کہ پیچھے آنے والے ہمارے دشمن ہی ہیں یہ کوئی اور بھی ہو سکتے ہیں جب میں نے اپنے اس شبہے کا اظہار والد صاحب پر کیا تو انہوں نے جھڑکتے ہوئے کہا۔ "تم ناتجربہ کار ہو، ٹاپوں کی آواز بتلا رہی ہے کہ یہ تعاقب کرنے والے ہیں۔"

والد نے فوراً ایک گھوڑے کو خالی ہنکا دیا لیکن ٹاپوں کی آوازیں اب بھی ہم سے قریب تر ہوتی جا رہی تھیں۔ اور پھر جنگل کے سرے پر یہ آوازیں رک گئیں۔ بہت سے آدمیوں کے گھوڑوں سے پھاندنے کی آوازیں صاف سنائی دیں۔ ہم دونوں جنگل میں زیادہ اندر نہیں گئے تھے۔ ہمارا خیال تھا کہ آنے والے ہماری تلاش میں اندر زیادہ دور تک چلے جائیں گے اور اندھیرے میں ہمیں بآسانی تلاش کر لینا بہت دشوار ہے لیکن ہمارا یہ ذرا سا اطمینان اس وقت ایک دم رخصت ہو گیا جب پندرہ بیس مشعلیں یکے بعد دیگرے روشن ہو گئیں۔ اب ہمارا روپوش رہنا ناممکن تھا چنانچہ تلاش کرنے والے جلد ہی ہمارے سروں پر پہنچ گئے۔ ایک آواز گونجی۔ "یہیں ہیں وہ دونوں، یہ رہا ان کا گھوڑا! سامان سے لدا ہوا۔"

اور پھر درختوں کو ہٹاتی ہوئی ایک مشعل ہمارے سر پر آ گئی اور ایک زوردار قہقہہ جنگل میں گونجا۔ "پکڑے گئے۔"

یہ چپٹی ناک والے یعقوب کی آواز تھی۔ اس کے بعد اس نے والد کو بالوں سے پکڑ کر کھینچا۔ ان کی چیخ نکل گئی۔ میں نے انہیں بچانا چاہا لیکن مجھ کو دو دوسرے آدمیوں نے اپنی گرفت میں لے لیا۔

والد صاحب چیخ کر اعلان کر رہے تھے کہ "ظالمو! میں نے یہ سب کچھ ظلم سے نجات پانے کے لئے کیا تھا۔ اور یہ ہر انسان کا پیدائشی حق ہے۔"

یعقوب انہیں بالوں سے کھینچتا ہوا باہر لے جانے لگا۔ مجھے اس کا نہایت مجبوری اور دکھ کے ساتھ احساس ہو رہا تھا کہ جھاڑیوں کے خاردار پودے والد کے جسم کو چھلنی کر دیں گے۔

جنگل کے باہر بیس پچیس سوار اپنے گھوڑوں سمیت اکٹھے ہو گئے۔ خالی گھوڑا ابھی پکڑا گیا تھا۔ والد کو رسیوں سے جکڑ کر اس پر ڈال دیا گیا۔ مجبوری اور بے بسی کے اس احساس کا اندازہ نہیں کیا جا سکتا جو اس وقت مجھ پر طاری تھا۔ احساس کے ساتھ جوش اور غصہ بھی تھا۔ میں نے اسی وقت یہ تہیہ کر لیا کہ مجھے اعلیٰ درجہ کا سپاہی بننا ہے۔

دوسرے دن رات کو اسی وقت جب ہم فرار ہوئے تھے وہ خوفناک اور لرزہ خیز کھیل کھیلا گیا۔

کلثوم نے ایک بوڑھی کنیز کے ذریعے مجھے مطلع کیا کہ ”جو کچھ ہونے والا ہے اس کو ٹالا نہیں جا سکتا۔ اس لئے قوتِ برداشت پیدا کرو۔ مستقبل تمہارے ساتھ ہے۔“

ہمارے تعاقب کے بارے میں اس نے یہ بتلایا کہ مرسیہ نے یعقوب کو سب کچھ بتا دیا تھا اور شکار کا محض ڈھونگ رچایا گیا تھا۔ اس نے مجھے اپنے باپ کی وہ گفتگو یاد دلائی جس میں اس نے مجھے شکار میں ساتھ چلنے کی دعوت دی تھی۔ اس نے کہلوایا تھا کہ کیا تمہیں اب بھی اس میں چھپا ہوا طنز محسوس نہیں ہوتا؟ یعقوب کے شکار جنگلی جانور نہیں تم دونوں تھے۔

ظہر کی نماز کے بعد مسجد میں برک کے بزرگ اور دانشمند سر جوڑ کر بیٹھے اور یعقوب نے ان کے سامنے ہمارے والد کا مقدمہ پیش کر دیا۔ انہوں نے بزرگوں اور دانشمندوں کی اس مجلس کو اس مقدمہ کی روداد کچھ اس طرح سنائی جس کا نتیجہ یہ نکلتا تھا کہ والد صاحب یعقوب کے نہ صرف مقروض ہیں بلکہ وہ فرار ہونے کے جرم کے ساتھ ساتھ چوری کے مرتکب بھی ہوئے ہیں، انہوں نے پانچ ہزار درہم کی چوری کی ہے۔ والد نے اس سے انکار کیا۔ لیکن بزرگوں اور داناؤں کی مجلس نے والد کے خلاف اپنا فیصلہ سنا دیا۔

اسلام میں چوری کی سزا میں ہاتھ کاٹ دیئے جاتے ہیں اور قبائلی اور علاقائی قانون میں چور اور بھگوڑے غلام کی سزا موت ہے۔ ایسی موت جو مجرم کو پہاڑی سے لڑھکا کر دی جاتی ہے۔ چونکہ ایک ہی وقت میں ہاتھ کاٹنے اور پہاڑی سے لڑھکا کر ہلاک کرنے کی سزائیں نہیں دی جا سکتیں اس لئے ایک سزا پر اکتفا کیا گیا۔ وہ ایک سزا تھی مجرم کو پہاڑی سے لڑھکا کر ہلاک کر دینا۔ مجلس نے یہ یقین دلایا کہ اس کا یہ فیصلہ خدا، اس کے رسول اور قبائل کے علاقائی قانونوں کے مطابق ہے۔

فیصلے کے آخر میں ان بزرگوں نے دعائیہ انداز میں ہاتھ اٹھا کر ارشاد فرمایا ”خدا ہم سب کو قانون

اور قانون کے مطابق زندگی گزارنے کی ہمت اور توفیق عطا فرمائے۔" ایسا محسوس ہوا جیسے میری چیخ نکل گئی لیکن والد کا چہرہ ہر قسم کے جذبات کے تاثر سے عاری تھا۔ ایسا محسوس ہوا جیسے وہ اس فیصلے کے لئے پہلے سے تیار تھے۔ انہوں نے کعبہ کی طرف ہاتھ اٹھاتے ہوئے کہا "یا رسول اللہ ﷺ! گواہ رہیو کہ میں بے گناہ ہوں۔"

سہ پہر کو یعقوب نے مجھے سمجھایا۔ اس نے کہا "شادی تم میرے بیٹے ہو، تم آزادی اور بے فکری سے رہو۔ تم نوجوان ہو اور نوجوانوں سے غلطیاں ہوتی ہی رہتی ہیں اس لئے تمہیں بزرگوں اور دانشمندوں کی مجلس نے نظر انداز کر دیا ہے۔"

پھر کچھ ٹھہر کر میرے جذبات کا اندازہ لگا کے پھر بولا "خلیفہ دوم عمرؓ نے اپنے بیٹے کو کوڑوں کی سزا سے ہلاک کر دیا تھا۔ اسلام ہمیں جرم و سزا کے معاملے میں ہمت، حوصلے اور کشادہ دلی کی تعلیم دیتا ہے۔ اور پھر ایک ایسے بوڑھے کی زندگی کا کیا فائدہ جو ہم سب کے کسی کام کا بھی نہیں رہ گیا۔ تم میرے بیٹے ہو اور میں اب بھی اس عہد پر قائم ہوں کہ اگر تم اپنے لئے اپنی محنت سے ایک مکان تعمیر کر لوگے تو کلثوم تمہاری ہو جائے گی اور اس شرط کی تکمیل کی راہ میں تمہیں میرا پورا پورا تعاون حاصل رہے گا۔"

میرے سینے میں انتقام کی آگ سلگ رہی تھی۔ میں چپ چاپ خاموشی سے اس آتش سیال کو جو میری رگ و پے میں خون کے ساتھ گردش میں تھی برداشت کر گیا۔ یعقوب سے انتقام اور کلثوم کی حصولیابی بس یہ دو مقاصد میری سب سے بڑی خوشی اور آرزو بن گئے تھے۔

کلثوم بھی مجھ سے ملی۔ وہ بہت اداس تھی۔ وہ مجھ سے آنکھیں نہ ملا سکی نظریں جھکائے جھکائے کہنے لگی "شادی! میں قبل از وقت تعزیت کے لئے آئی ہوں۔"

میں نے حقارت آمیز لہجے میں کہا "کیوں زخموں پر نمک چھڑکتی ہو۔ کیا تمہارے بزرگوں اور داناؤں کی مجلس کا فیصلہ کچھ کم تھا۔"

کلثوم نے تلخی سے جواب دیا "اس فیصلے سے میرا کوئی تعلق نہیں۔ میں ریاکار نہیں ہوں شادی! مجھے تم سے ہمدردی ضرور ہے لیکن محبت نہیں۔ انسانی ہمدردی، ایک طویل عرصے تک ساتھ رہنے کی ہمدردی۔ تم ہرگز یہ نہ سمجھنا کہ میں خوشامد میں جوانی کے خاص جذبے کے زیر اثر تمہارے سامنے اپنی صفائی پیش کر کے خود کو بے گناہ ثابت کر رہی ہوں۔"

اتنا کہہ کر وہ فوراً واپس چلی گئی۔ اس وقت میں جس کرب اور اذیت میں مبتلا تھا اس میں میں نے کلثوم کے اس رویے کا کوئی اثر نہ لیا۔

عشاء کی نماز کے چند گھنٹے بعد پورا برک مشعلوں کی روشنی میں جگمگا اٹھا۔ ایک ہجوم یعقوب کی حویلی کے سامنے کھڑا ہو گیا۔ اس کے آتے ہی والد کو اسی گھوڑے پر جس پر فرار ہونے کی کوشش کی گئی تھی باندھ کر ڈال دیا گیا۔ وہ کراہ رہے تھے لیکن ان ظالموں پر والد کے کراہنے کا کوئی اثر نہ ہوا۔ یہ لوگ افریقی جنگلیوں کے انداز میں ڈھول تاشے پیٹتے ہوئے برک کی مشرقی عمودی چٹانوں کی طرف چل پڑے۔ ان کے چلنے کے انداز سے ایسا معلوم ہوتا تھا جیسے وہ کوئی بڑا قلعہ سر کر کے واپس ہوئے ہیں۔ تھوڑی ہی دیر بعد یہ سب چٹانوں کے دامن میں پہنچ گئے۔ ویرانہ چہل پہل میں بدل گیا۔ ایک بدہیئت، بدشکل اور خبیث بربری نے والد کو گھوڑے سے اتارا۔ رسی کی بندشیں دور کیں اور انہیں بالکل آزاد کر کے سیدھا کھڑا کر دیا۔ ان کے قریب ہی شراب کا ایک خالی ڈرم لا کر رکھ دیا گیا۔

ایک بوڑھے بربری نے والد سے کہا: "خدا سے اپنے گناہوں کی معافی مانگ لو تاکہ یہ آخری اور زندگی کی سب سے بڑی اذیت میں کمی ہو جائے۔ بے شک خدا ستار اور غفار ہے۔"

والد نے آسمان کی طرف دیکھا اور رقت آمیز لہجے میں کہا: "خدایا! میں بے گناہ ہوں۔ یہ ظالم مجھ سے میرے بے گناہی کی معافی کا مطالبہ کر رہے ہیں، میں تجھ سے انصاف اور اجر کا طالب ہوں۔"

اس کے بعد انہوں نے ایک شفقت آمیز نظر مجھ پر ڈالی اور زور سے کہا: "شادی! یہ لوگ ظالم ہیں اور ساتھ ہی بدعہد بھی! ان پر کبھی بھی بھروسہ نہ کرنا۔"

یعقوب تیزی سے آگے بڑھا اور اس نے میرے والد کو اٹھا کر شراب کے خالی ڈرم میں ٹھونس دیا۔ ڈھولوں اور نقاروں پر چوٹ پڑی اور اس شور میں نہایت بے دردی سے ڈرم کا منہ بند کر دیا گیا اس میں سے والد کی چیخیں آ رہی تھیں۔ یہاں تک کہ جب اس کا منہ بند کر کے اس پر بڑی بڑی کیلیں ٹھونکی جانے لگیں تو ان کی آوازیں دور ہوتی چلی گئیں۔ مجھے دو آدمیوں نے جکڑ رکھا تھا۔ پھر اس ڈرم کو لے کر لوگ پہاڑی چٹان پر چڑھنے لگے۔ جب یہ اوپر چڑھ گئے تو ان کے پیچھے ہی یعقوب بھی پہنچ گیا۔

یکایک ڈھولوں اور نقاروں کی آوازیں بند ہو گئیں۔ اب یعقوب کے برابر ہی برک کا معمر ترین بزرگ کھڑا ہو گیا۔ یہ بوڑھا بستی کے بزرگوں اور داناؤں کی مجلس میں بھی موجود تھا۔ تھوڑی دیر تک معلوم نہیں کیا بڑبڑاتا رہا۔ ڈرم اس کے قدموں میں رکھ دیا گیا۔ بوڑھا جب بڑبڑا چکا تو اس نے دعائیہ انداز میں ہاتھ اٹھا دیئے اس کے ساتھ ہی سبھی ہاتھ اٹھ گئے۔ مشعلوں کی روشنی میں پہاڑی دہک رہی تھی اور پورا ماحول آسیب زدہ نظر آ رہا تھا۔ بوڑھے شیطان نے دعا ختم کر کے دونوں ہاتھ رخساروں پر پھیر لئے۔ بوڑھے نے اپنے پیروں سے ڈرم کو دھکا دیا اور یعقوب نے پوری قوت سے ڈرم کو نشیب کی طرف

لڑھکا دیا۔ ڈھولوں اور نقاروں نے پھر شور کرنا شروع کر دیا۔ میرے منہ سے چیخ نکل گئی اور میں ڈوبتا چلا گیا۔

جب مجھے ہوش آیا تو میرے ماموں اور چچا بھی آچکے تھے اور ان کا یعقوب سے جھگڑا ہو رہا تھا۔ یعقوب یہ کہہ رہا تھا کہ تم وقت پر نہیں آئے۔ ماموں یہ کہتے تھے کہ وقت پر نہ آنے سے یہ تو ثابت نہیں ہوتا کہ تو کا دروی کو ہلاک کر دے گا۔ چچا قصاص لینے پر تلے ہوئے تھے۔ یعقوب اس پر مصر تھا کہ خیریت اسی میں ہے کہ پچیس ہزار درہم لے کر واپس چلے جاؤ ورنہ تم دونوں کے خلاف طاقت استعمال کی جائے گی۔

بالآخر اس پر تصفیہ ہو گیا کہ پچیس ہزار درہم اس شرط پر یعقوب کو دے دیئے جائیں گے کہ وہ والد کی لاش ان کے حوالے کر دیں۔ یعقوب کو کیا انکار ہو سکتا تھا وہ فوراً آمادہ ہو گیا۔ لاش کو ڈرم سے نکالا گیا۔ جاں کنی کی تکلیف مرنے کے بعد بھی چہرے سے عیاں تھی۔ آنکھیں حسرت سے کھلی کی کھلی رہ گئی تھیں۔ سر اور جسم کے مختلف حصوں سے خون رس رہا تھا۔ کئی جگہ کی ہڈیاں بھی ٹوٹ گئی تھیں۔ میں پھر رونے لگا۔ چچا اور ماموں نے بھی آنسو بہائے۔ ماموں نے رقت سے کہا۔ "جو لوگ کارواں سے بچھڑ جاتے ہیں انہیں منزل نہیں ملتی۔" میرا خیال تھا وہ رات برک ہی میں گزاریں گے لیکن وہ لاش کو لے کر فوراً ہی واپسی پر آمادہ ہو گئے۔ انہوں نے یعقوب سے کہا۔ "کا دروی کے بعد ہمیں اس لڑکے سے کوئی دلچسپی نہیں۔ کیا تم اسے رکھنا پسند کرو گے؟"

ان کا یہ اشارہ میری بابت تھا۔ یعقوب نے جواب دیا۔ "نہیں، یہ میرے ساتھ رہے گا لیکن اگر تم اسے بھی لے جانا چاہو تو اتنی ہی رقم اور حاضر کر دو اور اسے بھی لے جاؤ۔"

ماموں نے کہا۔ "میں اس پر ایک درہم بھی خرچ نہ کروں گا۔ یہ تجھی کو مبارک رہے۔"

اس کے بعد وہ میرے قریب آئے اور آہستہ سے کہا۔ "شادی! تم کچھ دن خاموش رہو میں عنقریب تمہیں لینے آؤں گا۔"

وہ بھی کتنا دردناک منظر تھا کہ مشعلوں کی روشنی اور لوگوں کے ہجوم میں ہم برک کی بستی کی طرف جا رہے تھے اور میرے چچا اور ماموں والد مرحوم کی لاش لے کر واپس ہو رہے تھے۔ یعقوب بے حد خوش تھا کہ والد کو من مانی سزا بھی دے لی اور ان کی لاش کے معاوضہ میں پچیس ہزار درہم بھی وصول کر لیے۔

اس واقعہ کو پندرہ دن گزر گئے۔ اس درمیان کلثوم سے برابر ملاقاتیں ہوتی رہیں۔ یعقوب مجھ پر بے حد مہربان تھا لیکن میں اپنے دل میں طے کر چکا تھا کہ کچھ بھی ہو والد کا انتقام ضرور لینا ہے۔ اسی دوران کلثوم سے یہ بات بھی معلوم ہوئی کہ یعقوب میرے باپ کا اتنا دشمن کیوں ہو گیا تھا۔ دراصل اسے یقین کی حد

تک شک ہو گیا تھا کہ اس کی کوئی کنیز چھپ کر والدسے ملتی ہے اور ان دونوں نے یعقوب کے قتل کا کوئی منصوبہ بنا رکھا ہے۔ اس کے پاس اس ناقابلِ یقین خبر کا کوئی یقینی ثبوت نہ تھا لیکن یعقوب کا قول تھا کہ جس جگہ دھواں نظر آئے وہاں آگ کی موجودگی یقینی ہے اور دھوئیں پر جتنا آسانی سے قابو پایا جا سکتا ہے آگ پر نہیں۔ چنانچہ انہوں نے دھواں دیکھ لیا تھا، اور اس پر آسانی سے قابو پا لیا تھا۔

یعقوب مجھے زمانے کی اونچ نیچ سمجھاتا رہتا۔ دولت اس طرح جوڑی جاتی ہے، جائیداد یوں بنتی ہے مملوک کس طرح ملتے ہیں۔ زیادہ سے زیادہ محنت اور کم سے کم اس کا معاوضہ کس طرح دیا جا سکتا ہے۔ اب اس حویلی میں یعقوب اور کلثوم کے بعد میں تیسرا صاحبِ اختیار شخص تھا۔ لیکن میرے سینے میں انتقام کی آگ سلگ رہی تھی۔ یعقوب نے درمیان سے مکان بنانے کی شرط بھی ہٹا دی تھی۔ اس کی خواہش تھی کہ میں کلثوم سے شادی کر لوں اور اس گھر کا باقاعدہ ایک فرد بن جاؤں لیکن مجھے یوں تامل تھا کہ میں یعقوب کو اپنا خسر بنانے میں شرمساری اور بے غیرتی محسوس کرتا تھا۔ کلثوم کو بھی انکار تھا اور اس انکار کی وجہ یہ بتلائی کہ یعقوب اور میری حیثیت حکایت کے اس سانپ اور آدمی جیسی ہے جو ایک ہی گھر میں رہتے تھے۔ اتفاقاً ایک دن سانپ نے اس آدمی کے جوان لڑکے کو ڈس لیا۔ آدمی اسے مارنے دوڑا۔ لیکن سانپ نے بل میں گھس کر اپنی جان بچالی۔ لڑکا مر گیا۔ کئی سال بعد اس آدمی کی نظر سانپ پر پھر پڑی۔ سانپ بھاگا۔ لیکن آدمی نے پکار کر کہا کہ اے ناگ! ہم دونوں ہی کو اس گھر میں رہنا ہے جو ہو گیا سو ہو گیا۔ اب اگر میں تمہیں مار بھی دوں تو لڑکا تو زندہ ہونے سے رہا۔ اس لئے اب بہتری اسی میں ہے کہ ہم دونوں صلح صفائی اور میل محبت سے رہیں۔ سانپ نے بدستور بھاگتے ہوئے کہا تھا کہ نہ بابا! ہم دونوں میں دوستی نہیں ہو سکتی جب تک تیرے دل میں جوان بیٹے کی موت کا زخم اور میرے ضمیر میں جرم کا چور موجود ہے دونوں کے دل مل ہی نہیں سکتے۔ دوستی ہو ہی نہیں سکتی۔ کلثوم نے یہ حکایت سنا کر کہا کہ والد تو سٹھیا گئے ہیں۔ انہوں نے تمہارے ساتھ جو ظلم کیا ہے اس کے بعد بھی وہ تم سے کسی اچھے سلوک کی توقع رکھ سکتے ہیں؟"

ابھی ہم لوگ اسی کشمکش میں مبتلا تھے کہ چار ہزار سپاہیوں نے برک کا محاصرہ کر لیا۔ ان میں ماموں اور چچا پیش پیش تھے۔ برک والوں نے تلواریں سنبھالنا چاہیں لیکن جب انہیں یہ معلوم ہوا کہ ملوک حکمران بیبرس کے سپاہی ہیں تو سبھی کے حوصلے جاتے رہے۔ سپاہیوں کو یعقوب کی تلاش تھی۔ میرے ماموں اور چچا نے مجھ سے دریافت کیا کہ یعقوب کہاں ملے گا۔ کلثوم نے اسے تہہ خانے میں چھپا دیا تھا۔ میں نے نشاندہی کر دی۔ بیبرس کے سپاہیوں نے اس کو تہہ خانے سے باہر نکال لیا۔ دوپہر کی دھوپ میں بستی

کے مردوں کو ایک طرف کھڑا کیا گیا۔ بوڑھوں کو دوسری طرف، عورتیں الگ جمع کی گئیں۔ لوڑھوں میں وہ شیطان بھی تھا جس نے میرے والد کے ڈرم کو پہلی ٹھوکر لگائی تھی۔ یعقوب کی حالت دیکھنے سے تعلق رکھتی تھی۔

اچانک چار ہزار سپاہیوں کے ہجوم سے ایک لمبا تڑنگا شخص باہر نکلا۔ بال سرخ، چہرہ کشادہ لیکن دھوپ سے سنولایا ہوا ایک آنکھ زخم کے نشان سے بند ریشمی لباس پر مخمل کی صدری، سر پہ منقش خود اور اسی خود پہ دستار تھی۔ تلوار بائیں ہاتھ میں تھی۔ اس نے پر جوش اور بھاری آواز میں کہا۔

"تم لوگ مسلمان ہو، مملوک بھی مسلمان ہیں۔ تمہارے ہاتھوں ایک مملوک کی جان جس طرح ضائع ہوئی ہے انصاف کا تقاضہ تو یہی ہے کہ تم سب اسی طرح ہلاک کر دیئے جاؤ لیکن صلیبیوں اور منگولوں کے پیش نظر ہمیں باہمی اتحاد ہر قیمت پر برقرار رکھنا ہے۔ یعقوب کو حکم دیا جاتا ہے کہ وہ پچیس ہزار درہموں کے ساتھ ہی دو لاکھ درہم گاوردی کی موت کے قصاص میں ادا کرے اور اس کی اسی وقت تعمیل ہوگی۔"

یعقوب کی طرح یہاں بھی باز نہ آیا بولا۔ "لیکن میں نے گاوردی کے بیٹے شادی کو اپنا بیٹا بنا لیا ہے گاوردی کا قصاص ظاہر ہے کہ شادی کا حق ہے اور میں تو اپنی کل جائیداد شادی کو دینے پر آمادہ ہوں۔"

سرخ بالوں والا دیو چیخا۔ "او بدبخت احمق، یہودی کی اولاد! میں تجھے حکم دیتا ہوں کہ دو لاکھ پچیس ہزار درہم دے کر فوراً حساب صاف کر دے ورنہ تیری بستی کی اینٹ سے اینٹ بجادی جائے گی۔"

اس نے جوان عورتوں کو اپنی فوج میں تقسیم کر دیا اور بوڑھوں کو زندہ رہنے اور آہیں بھرنے کیلئے برک ہی میں رہنے دیا۔ بچے قاہرہ روانہ کر دیئے گئے۔ جوانوں کو فوج میں جبری بھرتی کر لیا گیا! ان سزاؤں کا جواز یہ پیش کیا گیا کہ برک کے لوگ یہودی نسل کے منافق مسلمان ہیں جن کا ان ہنگامی اور نازک حالات میں بھروسہ نہیں کیا جاسکتا۔

یعقوب نے جبراً و قہراً قصاص کی مطلوبہ رقم حاضر کر دی۔ کلثوم چچا کے حوالے کر دی گئی اور میرے لئے یہ فیصلہ ہوا کہ اس لشکر میں شامل ہو جاؤں اور بہترین سپاہی بننے کی کوشش کروں۔ والد مرحوم کی آخری خواہش یوں پوری ہو رہی تھی۔ یعقوب کو بستی میں بوڑھوں کے ساتھ کڑھنے یا سسک سسک کر جینے کے لئے چھوڑ دیا گیا۔ اس نے بہت ہاتھ پیر مارے بڑی منت سماجت کی لیکن اس کا کوئی اثر نہ ہوا۔ ان تمام باتوں کا ایک ہی جواب تھا "جو رحم نہیں کرتا۔ اس پر رحم نہیں کیا جائے گا۔"

میرے ماموں اور چچا کلثوم کو لے کر وطن روانہ ہو گئے۔ چلتے چلتے یہ کہتے گئے کہ "چند ماہ بعد ہم قاہرہ پہنچیں گے۔ کلثوم تمہاری امانت ہے جب ہم تمہیں وطن واپس لے جائیں گے تو کلثوم تمہیں صحیح سلامت

ملے گی۔"

ہم لوگ طرابلس کی طرف روانہ ہو گئے کیونکہ یہ لشکر بیبرس کے ان سفیروں سے تعلق رکھتا تھا جو سلطان کا ایک خاص فرمان انطاکیہ کے بادشاہ بوہے منڈ کے نام لے جا رہے تھے۔ بوہے منڈ ان دنوں مسلمانوں سے بہت ناخوش تھا۔ چچا اور ماموں کلثوم کو لے کر وطن واپس روانہ ہو گئے۔

بیبرس نے ایوبی حکومت کے بوسیدہ ایوان پر اپنی حکومت کی بنیاد ڈالی تھی۔ مصر اور شام میں اسی کے گیت گائے جا رہے تھے۔ بیبرس نے کسی کی مدد کے بغیر بغداد کی طرف بڑھنے والے منگولوں کے طوفان بلاخیز کا منہ موڑ دیا تھا اور اب وہ صلیبی مجاہدین کو للکار رہا تھا اسے معلوم ہوا تھا کہ انطاکیہ کا بادشاہ بوہے منڈ طرابلس کے محل میں بیٹھا ہوا عالم اسلام کے خلاف سازشوں اور ریشہ دوانیوں میں مصروف ہے۔ یہ وفد بوہے منڈ سے جواب طلب کرنے جا رہا تھا۔ مجھ پر ان کی نظر عنایت اس لئے خاص تھی کہ بیبرس میرے ہی قبیلے سے تعلق رکھتا تھا۔ بیبرس کے کارناموں اور اس کی پُراسرار شخصیت کے بارے میں اتنی کہانیاں مشہور تھیں جس سے یہ محسوس ہوتا تھا کہ ہارون رشید کی رُوح بیبرس کے وجود میں حلول کر گئی ہے۔ وہی بھیس بدل بدل کر ملک کے حالات کا جائزہ لیتا ہے وہی زندہ دلی، وہی ظرافت، وہی شجاعت، وہی عزیمت و فراست۔

بانیاس کے سرخ ٹیلے ہمارے سامنے تھے۔ یہیں دریائے اردن کا پانی زمین کے اندر بہتے بہتے ایک بار پھر سطح زمین پر نمودار ہو جاتا ہے۔ فوج نے یہیں پر پڑاؤ ڈال دیا۔

دو دن بعد بیبرس کے سفیر بوہے منڈ کے قلعے کی طرف روانہ ہو گئے۔ ان سفرا میں وہ دیو قامت بائیں ہاتھ میں تلوار سنبھالنے والا بھی شامل تھا۔ لیکن اس وقت وہ اپنے سفرا کے محافظوں میں شامل تھا۔ بوہے منڈ نے انہیں فوراً طلب کیا۔ ہم لوگ جب محل کے بالاخانے پر پہنچے تو نائٹوں اور مسلح سپاہیوں نے ہمیں اپنے گھیرے میں لے لیا۔ تھوڑی دیر بعد بوہے منڈ بھی آ گیا۔ یہاں سفرا کے قائد نے جس بے باکی اور جرأت سے بوہے منڈ سے گفتگو کی۔ میرے لئے یہ منظر ہی کچھ عجیب تھا۔ وہ بوہے منڈ پر بیبرس کی طرف سے یہ الزام لگا رہا تھا کہ اس نے بیبرس کے خلاف منگولوں اور صلیبیوں سے نامہ و پیام جاری کر رکھا ہے۔ کیوں نہ اس معاملہ میں طرابلس اور انطاکیہ کے خلاف سخت قدم اٹھایا جائے۔ اس گفتگو کی خاص بات یہ تھی کہ سفیروں کا قائد بوہے منڈ کو بادشاہ کی بجائے کاؤنٹ کہہ کر مخاطب کرتا رہا۔ بوہے منڈ اور اس کے امرا ان سفیروں کے لہجہ میں سخت اہانت محسوس کر رہے تھے

بوہے منڈ نے انہیں ٹوکا بھی کہ وہ کاؤنٹ سے نہیں شاہ سے مخاطب ہیں لیکن بیبرس کے سفیر اس پر مُصر رہے کہ انہیں یہی ہدایت کی گئی ہے کہ بوہے منڈ کو کاؤنٹ ہی کہہ کر مخاطب کیا جائے۔

بوہے منڈ کے صاحب نے شاہ کے مشورے کے بعد وفد کے قائد کو سرزنش کی۔ "تم یا تو تہذیب سے بات کرو یا خاموش ہو جاؤ۔ ساری دنیا جانتی ہے کہ میرا آقا شاہ انطاکیہ ہے تمہیں بھی شاہ کے کہنے میں تامل نہیں ہونا چاہیئے۔"

مملوک وفد کے قائد نے اسی جرات و دلیری سے جواب دیا۔ "صاحبان! مجھے یہ ہدایت ملی ہے کہ میں تمہارے شاہ کو کاؤنٹ کہہ کر مخاطب کروں۔ میں اپنے الفاظ اور لہجے میں تبدیلی نہیں کر سکتا۔"

بوہے منڈ نے مسلح محافظوں اور نائٹوں کو اشارہ کیا کہ انہیں حراست میں لے لیا جائے۔ اسی وقت دیو قامت سائیس جو ابھی تک گھوڑوں کی لگامیں تھامے ہوئے تھا آگے بڑھا اور مملوک وفد کے سردار کے پاؤں چھو لیے۔ مملوک قائد فوراً بول اٹھا۔ "اچھا جناب پرنس آپ مطمئن رہیں۔"

اس کے بعد امن و آشتی کے ماحول میں گفتگو شروع ہو گئی۔ لمبا تڑنگا سائیس ادھر اُدھر دلیری سے ٹہلنے لگا۔ وہ قلعہ کی دیواروں اور سپاہیوں کے ہتھیاروں کا جائزہ لیتا رہا۔

کافی دیر بعد جب یہ لوگ وہاں سے واپس ہوئے تو دیو قامت سائیس خود بھی ایک تازی گھوڑے پر سوار ہو کر چل پڑا۔ جب ہم لوگ طرابلس کے باہر آ گئے تو دیو قامت سائیس پر ہنسی کا دورہ پڑ گیا۔ وہ بوہے منڈ کا مذاق اڑاتا ہوا بولا۔ "احمقوں کے بادشاہ! بس معلوم ہو گیا کہ تو کتنا بڑا بادشاہ ہے۔ کاؤنٹ کہیں کا۔"

یہ بیبرس تھا جو بوہے منڈ اور اس کے امرا کی نفسی کیفیات کا جائزہ لینے خود پہنچ گیا تھا۔ مجھ پر اس واقعہ کا اتنا اثر ہوا کہ میں اسے زندگی بھر نہیں بھول سکتا۔ جب میں قاہرہ واپس پہنچا تو میں قطعی اس موڈ میں نہ تھا کہ وطن واپس جاؤں۔ میں بیبرس کے آس پاس رہ کر باپ کی آخری خواہش پوری کرنا چاہتا تھا چھ ماہ بعد میرے ماموں نے مجھے واپس لے جانا چاہا لیکن میں نے جانے سے انکار کر دیا۔ ان کے ساتھ ایک غلام بھی تھا۔ اس نے چپکے سے ایک خط مجھے دیا۔ یہ کلثوم کا تھا۔ اس میں لکھا تھا۔

"شادی! میں اپنے باپ کی بداعمالیوں کی سزا بھگت رہی ہوں۔ تم فوراً آؤ اور مجھے یہاں سے لے جاؤ۔ تمہارے گھر والوں کا میرے ساتھ سلوک اچھا نہیں ہے۔ میرا باپ بُرا آدمی ہے لیکن اس نے تمہیں ہمیشہ آرام سے رکھا۔ تمہارے گھر کے لوگ میرے دشمن ہو رہے ہیں اگر تم نہ آ سکے تو میں مجبوراً وہ قدم اٹھانے پر مجبور ہو جاؤں گی جس کی تم امید بھی نہ کرتے ہو گے۔"

یہ خط پڑھ کر میں واپسی کے لئے آمادہ ہوگیا۔

جب میں برک میں داخل ہوا تو معلوم ہوا کہ یعقوب نے پہاڑی سے خود کو گرا کر ہلاک کر لیا ہے یہ وہی پہاڑی تھی جہاں سے والد مرحوم کو ڈرم میں بند کر کے لڑھکایا گیا تھا۔

جب میں وطن واپس پہنچا تو پورے خاندان میں زلزلہ سا آ گیا۔ میری بوڑھی ماں مجھ سے لپٹ گئی۔ اسے یقین نہ آتا تھا کہ اس کا دو ڈھائی سال کی عمر میں بچھڑ جانے والا بچہ اتنا بڑا ہو گیا ہے۔

کلثوم کی صحت بہت زیادہ گر چکی تھی۔ میں تین ماہ رہ کر والدہ اور کلثوم کو لے کر برک واپس آ گیا۔ یہاں کلثوم کی اتنی جائیداد تھی کہ اس کی دیکھ بھال میرے سوا اور کون کر سکتا تھا۔ یعقوب کی کنیزوں نے حصے بخرے کرنے پر بڑا شور و غل مچایا۔ میں نے ان سے کہہ دیا ہے کہ اگر وہ ساتھ رہیں گی تو ان کی ذمہ داری اور کفالت گوارا کر لی جائے گی ورنہ ایک پیسہ نہیں ملے گا۔

اور اب کلثوم کو پا جانے کے بعد جبکہ میں اس کی جائیداد اور املاک کا واحد مالک قرار پا گیا ہوں اس تذبذب کا شکار ہوں کہ اب بھی میں والد مرحوم کی خواہش پوری کر سکوں گا یا نہیں؟